国家法治与法学理论研究课题项目
（课题编号：19SFB4002）

新时代
法治新闻舆论工作
理论与实践

李子顺　主编

XINSHIDAI
FAZHI XINWEN YULUN GONGZUO
LILUN YU SHIJIAN

法律出版社 LAW PRESS · CHINA
北京

图书在版编目（CIP）数据

新时代法治新闻舆论工作理论与实践 / 李子顺主编. 北京 : 法律出版社, 2024. -- ISBN 978 - 7 - 5197 - 9678 - 5

Ⅰ. G219.2

中国国家版本馆 CIP 数据核字第 2024B22S47 号

新时代法治新闻舆论工作理论与实践

XINSHIDAI FAZHI XINWEN YULUN GONGZUO LILUN YU SHIJIAN

李子顺　主编

策划编辑 沈小英

责任编辑 沈小英　任　娜

装帧设计 汪奇峰

出版发行 法律出版社

编辑统筹 法治与经济出版分社

责任校对 王　皓

责任印制 吕亚莉

经　　销 新华书店

开本 710 毫米 × 1000 毫米　1/16

印张 13　　**字数** 137 千

版本 2024 年 12 月第 1 版

印次 2024 年 12 月第 1 次印刷

印刷 北京建宏印刷有限公司

地址:北京市丰台区莲花池西里 7 号(100073)

网址:www. lawpress. com. cn

投稿邮箱:info@ lawpress. com. cn

举报盗版邮箱:jbwq@ lawpress. com. cn

销售电话:010 - 83938349

客服电话:010 - 83938350

咨询电话:010 - 63939796

书号:ISBN 978 - 7 - 5197 - 9678 - 5

定价:86. 00 元

凡购买本社图书,如有印装错误,我社负责退换。电话:010 - 83938349

主　编：李子顺

撰稿人：（按章节序）

李子顺　谢向红　王　舸

郑心仪　郝苑蓉　王晓鑫

胡鹏举　于依琳　姜　楠

张振搏　苗晓雨

目　录

前　言

习近平总书记指出："党的新闻舆论工作是党的一项重要工作，是治国理政、定国安邦的大事，要适应国内外形势发展，从党的工作全局出发把握定位，坚持党的领导，坚持正确政治方向，坚持以人民为中心的工作导向，尊重新闻传播规律，创新方法手段，切实提高党的新闻舆论传播力、引导力、影响力、公信力。""做好党的新闻舆论工作，事关旗帜和道路，事关贯彻落实党的理论和路线方针政策，事关顺利推进党和国家各项事业，事关全党全国各族人民凝聚力和向心力，事关党和国家前途命运。"① 不管时代风云如何变幻、历史方位如何变化，中国共产党都高度重视宣传工作、大力加强宣传工作，领导宣传工作始终牢记初心使命、紧跟历史前进步伐，在极端困境中成长壮大，在风雷激荡中无畏前行，在攻坚克难中夺取胜利，走

① 《习近平在党的新闻舆论工作座谈会上强调：坚持正确方向创新方法手段　提高新闻舆论传播力引导力》，载《人民日报》2016 年 2 月 20 日，第 1 版。

过了波澜壮阔的发展历程，取得了光耀千秋的历史性成就，积累形成了深刻历史经验和宝贵精神财富。①

党的二十大擘画了全面建设社会主义现代化国家、以中国式现代化全面推进中华民族伟大复兴的宏伟蓝图，对坚持全面依法治国，推进法治中国建设做出专章部署，明确提出了立法、执法、司法、守法各个环节的具体任务。在强国建设、民族复兴新征程上，法治固根本、稳预期、利长远的保障作用将更加凸显。法治新闻舆论工作承担着为推进全面依法治国事业营造良好舆论氛围的重要职责，必须加快适应新形势新任务，尊重规律、创新方法，推动媒体深度融合发展，切实提高传播力、引导力、影响力、公信力，为壮大全面依法治国主流舆论作出新的更大贡献。

本书除绪论外分上篇、中篇、下篇三篇，共十章。上篇回顾过去，以党的百年新闻宣传史为借鉴，分别以宣传工作请示报告制度、宣传网制度和抗战时期创办党的外宣刊物为切入点，旨在从党的新闻舆论工作历史中获得启示、汲取智慧；中篇立足现在，以媒体深度融合发展为视角，分别介绍媒体融合发展的概念特征、技术赋能、政策原则与目标任务等，探讨如何完善法治新闻舆论全媒体传播新格局；下篇展

① 参见中共中央宣传部编著：《中国共产党工作简史》（下册），人民出版社 2022 年版，第 771 页。

望未来，以新闻舆论事业的自我完善和发展为指向，探讨如何推动实现法治新闻舆论工作自身的现代化。

囿于水平有限，本书恐有疏漏或不妥之处，恳请读者不吝批评指正。

2024 年 6 月

绪论　深刻把握新时代法治新闻舆论工作使命任务

舆论历来是影响社会发展的重要力量。引领舆论最重要、最深刻，也最艰难；心灵建设最宏伟、最高尚，也最复杂。[①] 新闻舆论处在意识形态领域前沿，同人民群众的思想、工作和生活联系密切，作为一种宣传、教育、动员人民群众的特殊形式，具有强大的社会动员能力和引导能力，对社会舆论和社会生活产生着广泛而深刻的影响。重视新闻舆论工作，是我们党的优良传统和政治优势，也是一条基本经验。中国共产党的工作一贯遵循“思想先行”的原则，也就是解决思想问题的宣传工作先行。[②] 作为党的事业的重要组成部分，无论是烽火连天的革命岁月，还是热火朝天的建设年代，抑或是波澜壮阔的改革时期，党的新闻舆论工作都形成

① 参见秦强：《新时代宣传工作十讲》，五洲传播出版社 2023 年版，第 84 页。

② 参见林之达主编：《中国共产党宣传史》，四川人民出版社 1990 年版，第 7 页。

了“唤起工农千百万，同心干”的强大力量。①

中国共产党从马克思主义新闻观出发，认为包括新闻舆论工作在内的宣传工作②具有强烈的阶级倾向，属于社会上层建筑意识形态领域，可以反作用于社会经济基础，是与实际的社会主义运动“相辅而行的手段”。在革命战争年代，毛泽东同志曾指出，“红军的宣传工作是红军第一个重大的工作”③，将宣传思想工作与武装斗争喻为“车之两轮、鸟之两翼”，指出“共产党是要左手拿传单右手拿枪弹才可以打倒敌人的”，④ 强调宣传工作对革命运动的支持和推动。在主政西南区工作期间，邓小平同志提出“宣传工作是一切革命工作的粮草”的“粮草论”。⑤ 到了改革开放初期，邓小平同志强调要坚持“两手抓、两手都要硬”的方针，防

① 参见中共中央宣传部干部局组织编写：《新时代宣传思想工作》，学习出版社 2020 年版，第 45 页。

② 宣传工作，有时候称为宣传思想工作，有时候也称为宣传思想文化工作，一般情况下三者之间没有本质区别，可以相互使用。参见秦强：《新时代宣传工作十讲》，五洲传播出版社 2023 年版，第 1 页。本书亦在同等意义上使用宣传工作、宣传思想工作和宣传思想文化工作的提法。

③ 中共中央宣传部编：《毛泽东　周恩来　刘少奇　朱德论党的宣传工作》，中共中央党校出版社 1989 年版，第 3 页。

④ 中共中央宣传部干部局组织编写：《新时代宣传思想工作》，学习出版社 2020 年版，第 1 页。

⑤ 参见郑保卫主编：《中国共产党领导人新闻实践与新闻思想研究》，中国人民大学出版社 2011 年版，第 316 页。

止埋头经济工作、忽视思想政治工作的倾向。江泽民同志在坚持马克思主义“喉舌论”的基础上，创新发展形成了“生命论”，明确指出：“党的新闻事业与党休戚与共，是党的生命的一部分。可以说，舆论工作就是思想政治工作，是党和国家的前途和命运所系的工作。”① 胡锦涛同志指出，要坚持把体现党的意志同反映人民心声结合起来，加强和改进宣传思想工作，更好地体现时代性、把握规律性、富于创造性，不断增强社会影响力。②

党的十八大以来，以习近平同志为核心的党中央统揽伟大斗争、伟大工程、伟大事业、伟大梦想，把宣传工作摆在党和国家全局的重要位置，对加强和改进党的新闻舆论工作作出一系列重大决策，提出一系列富有创见的新思想新观点新论断，深刻回答了一系列事关新闻事业长远发展的根本性、战略性、全局性问题，为做好新闻舆论工作指明了前进方向、提供了根本遵循。习近平总书记指出：“在新的时代条件下，党的新闻舆论工作的职责和使命是，高举旗帜、引领导向，围绕中心、服务大局，团结人民、鼓舞士气，成风化人、凝心聚力，澄清谬误、明辨是非，联接中外、沟通世

① 郑保卫主编：《中国共产党新闻思想史》，福建人民出版社 2004 年版，第 473 页。

② 参见郑保卫主编：《中国共产党新闻思想史》，福建人民出版社 2004 年版，第 497 页。

界。”① 这是对党的新闻舆论工作职责使命作出的最集中最鲜明的概括。习近平总书记强调：“……宣传舆论工作要加大力度，统筹网上网下、国内国际、大事小事，更好强信心、暖人心、聚民心，更好维护社会大局稳定。”② 党的二十大对包括报刊、广播、电视、新媒体等在内的宣传思想阵地，提出了“建设具有强大凝聚力和引领力的社会主义意识形态”的重大使命任务，提出通过党的新闻舆论工作“巩固壮大奋进新时代的主流思想舆论”“塑造主流舆论新格局”。2023 年 10 月，全国宣传思想文化工作会议在北京召开，会上传达了习近平总书记对宣传思想文化工作作出的重要指示，并首次提出习近平文化思想。习近平文化思想的形成，标志着我们党对中国特色社会主义文化建设规律的认识达到了新高度，表明我们党的历史自信、文化自信达到了新高度。

我们党历来重视法治建设。党的十八大以来，以习近平同志为核心的党中央从坚持和发展中国特色社会主义全局和战略高度定位法治、布局法治、厉行法治，明确提出全面依法治国并将其纳入“四个全面”战略布局予以有力推进。随

① 习近平：《论党的宣传思想工作》，中央文献出版社 2020 年版，第 181 页。

② 中共中央党史和文献研究院编：《习近平关于统筹疫情防控和经济社会发展重要论述选编》，中央文献出版社 2020 年版，第 43 页。

着全面依法治国战略地位的突出明确，党对法治新闻舆论工作也日益重视。可以说，新时代法治新闻舆论工作既是党的新闻舆论工作的重要战线，也是全面依法治国伟大实践的重要方面。法治新闻舆论工作要做到围绕中心、服务大局，也需要把宣传思想工作“举旗帜、聚民心、育新人、兴文化、展形象”的使命任务和全面依法治国的形势任务结合起来，做到践行新闻舆论工作的使命任务不动摇、紧紧围绕服务保障法治建设发展不脱节。

面对意识形态斗争更加复杂、人民群众对法治工作期待更加强烈、传播生态变革影响更加深刻的新形势，怎么把工作“干好”“干出彩”，是摆在法治新闻舆论工作者面前的现实问题。对法治新闻舆论工作者来说，“关于新闻传播的历史知识越丰富，面对现实的新闻工作就越自由（哲学意义上的）”①。不同的历史时期，党的新闻宣传思想和实践虽然各有特点，但对一些基本原理和规律的把握却带有共性，不少优良传统和有益经验被很好地传承了下来，在长期实践中发扬光大。其中包含的规律性认识，为我们开展法治新闻舆论工作提供了重要遵循。

一是始终坚守党性。无论形势如何变化，宣传方式如何

① 陈力丹、张玉川：《外国新闻传播史纲要》（第3版），中国人民大学出版社2022年版，第14页。

更新，党的新闻事业一以贯之的精神不能丢，必须坚守的底线一定得守住。坚持党性原则是各国无产阶级政党新闻事业始终坚持的一个优良传统，也是无产阶级政党新闻事业能够不断发展壮大的一条宝贵经验。法治新闻舆论工作必须坚持党的全面领导，旗帜鲜明坚持党管宣传、党管意识形态、党管媒体，牢牢坚持政治家办报、办刊、办网、办新媒体，认真落实意识形态责任制，强化意识形态阵地管理，把党的领导贯穿新闻舆论工作的全过程各环节。政治上的坚定，离不开理论上的清醒。为把坚持党的全面领导真正落到实处，需要法治新闻舆论工作者自觉加强科学理论武装，把学习宣传贯彻习近平新时代中国特色社会主义思想，特别是习近平法治思想和习近平文化思想摆在突出位置，力求先学一步、深学一层，切实增强政治判断力、政治领悟力、政治执行力，推出有政治高度、理论深度和思想温度的评论文章和系列报道，更好地引导广大干部群众学懂、弄通、做实党的创新理论，牢牢把握正确的政治方向。

二是始终服务群众。我们党强调人民群众是新闻事业的主人，共产党要为人民办报，做人民喉舌，永远服务人民，同时要紧紧依靠人民群众的支持办好新闻事业。以人民为中心是党的新闻舆论工作的根本方向。坚持人民至上、以人为本，要求法治新闻舆论工作既要吃透上头，又要吃透下头，找准业务工作与群众利益、百姓关注的结合点，深入浅出地把政策讲清楚、把制度讲明白、把疑点讲透彻，做到信息权威、解读准确、释疑到位，积极回应群众的关切、争取群众的理解和支持。展示工作进展和成果时，也要根据受众关切和接受习惯创新话语表达，多用具体事例、典型个案、翔实数据讲述，将工作成果进行具象化、生活化、故事化讲述，增强报道的吸引力、说服力。要综合运用新闻发布会、主题宣传、专题报道等多种形式，加强对习近平法治思想原创性概念、判断、范畴、理论的宣传阐释，真正让党的创新理论"飞入寻常百姓家"，同时把全面依法治国成就进展讲述好，增强人民群众法治获得感。

三是始终紧贴实际。真实性是新闻的生命，事实是新闻的本源，虚假是新闻的天敌。我们党始终要求新闻工作者坚持实事求是的思想作风，一切新闻报道都要做到从客观实际出发，力求真实准确、客观全面地反映现实生活，报道客观世界。法治新闻舆论工作要增强宣传报道的说服力、感染力，必须准确全面把握事实，以"脚力"为依托，迈开腿、走出门，走进社会生活的广阔天地，让"眼力、脑力、笔力"有用武之地，做到联系实际阐释理论、围绕关切解读政策、立足实践报道成就、挖掘事实展示典型，让宣传报道接地气、冒热气，直抵人心、催人奋进。

四是始终紧扣时势。我们党向来注重立足形势把握宣传的时机、分寸和效果。宣传思想工作要胸怀大局、把握大势、着眼大势，找准工作切入点和着力点，做到因势而谋、应势而动、顺势而为。具体到法治新闻舆论工作，无论是正面宣传还是舆论引导，都要注意掌握时机节奏，把握分寸力度，做到因事制宜、因时制宜，让宣传舆论工作服务于中心工作。要加大重点领域舆情监测力度，掌握好舆论引导的密度和尺度，认真研究什么问题要强化报道、什么问题要淡化报道，实现政治效果、纪法效果、社会效果的有机统一。

五是始终紧跟时代。从宣传方式上看，党的新闻舆论工作具有鲜明的时代性特点，即随着时代更迭、传播媒介的推陈出新，党使用的宣传方式也不断发展演化。例如，在革命年代，标语、传单、报刊、广播及文艺表演是主要媒介载体。进入改革开放时期，随着电视、网络及手机的逐渐普及，创办电视节目，开办网站，开通微博、公众号等方式，成功将宣传思想工作延伸至群众的生产生活中。事实证明，依据人民群众信息接收习惯的发展变化，与时俱进地创新宣传方式，是党扩大宣传工作影响力、覆盖面的有效举措。当前，我们已经进入信息化社会和全媒体时代，新业态新技术新应用持续涌现，受众信息需求也日趋多样，传播关系从“一对众”转向以互动分享为主要特征的分众化、差异化传播。当前的形势和发展趋势要求新闻工作者加快推进媒体深度融合，积极构建优质高效的全媒体传播体系，加快形成全方位、多层次、多声部的主流舆论矩阵。加快推进法治文化建设，着力打造有影响力的电视剧、电影、纪录片和网剧，争取尽快把法治文化建设的短板补好、补强。

总之，法治新闻舆论工作将勇于固本创新、砥砺前行，加强正面宣传、壮大主流舆论，为推进全面依法治国事业高质量发展提供坚强思想保证和强大精神力量。

上 篇

以党的百年新闻宣传史为借鉴

第一章　党性原则与宣传工作请示报告制度

解放战争时期，中国共产党在即将到来的全国革命胜利中，建立起政治、外交、军事、宣传等方面一系列的请示报告制度，《中共中央关于宣传工作中请示与报告制度的规定》的颁布和实施，就是其中之一。宣传工作请示报告制度的确立，强化了宣传工作的党性原则，加强了党对宣传工作的集中统一领导，有力推动了党的宣传事业向前发展，对于做好新时代法治新闻舆论工作具有十分重要的启示意义。

一、《中共中央关于宣传工作中请示与报告制度的规定》与请示报告制度的建立

随着解放战争形势的极大进展，全国胜利在望，中国共产党面临三个重要“转向”，即战争形势从游击战转向正规战，解放区工作由分散转向集中，全党工作重心由农村转向

城市。然而在过去较长时期的农村革命斗争中，地方党政军机构形成了分散自治的工作作风。毛泽东同志对此曾有过严厉批评，指出："必须坚决地克服许多地方存在着的某些无纪律状态或无政府状态，即擅自修改中央的或上级党委的政策和策略，执行他们自以为是的违背统一意志和统一纪律的极端有害的政策和策略；在工作繁忙的借口之下，采取事前不请示事后不报告的错误态度，将自己管理的地方，看成好像一个独立国。"① 因此，尽快建立严格请示报告制度，把一切必须和可能集中的权力集中于党中央就提上了重要日程。1948 年 1 月 7 日，毛泽东同志为中央起草关于建立报告制度的党内指示，要求各中央局和分局，必须每两个月向中央和中央主席做一次综合报告，内容包括对该区军事、政治、土地改革、整党、经济、宣传和文化等各项工作的动态、问题和倾向，随后又将执行主体扩展到各野战军首长和军区首长。

当时，党的宣传工作中也或多或少存在"双无"的问题，一些地方对于报纸、通讯社等十分重要的宣传机关放弃领导责任，或者抓得不紧，听任许多错误观点广泛流行。②

---

① 《毛泽东选集》（第 4 卷），人民出版社 1991 年版，第 1332 页。

② 参见中共中央宣传部编著：《中国共产党宣传工作简史》（上卷），人民出版社 2022 年版，第 220 页。

1948 年 1 月 16 日，毛泽东同志致电中央邯郸局并告中央工作委员会和新华总社，指出新华社晋冀鲁豫 13 日的电讯中，有政务会议应尊重农代筹委会的意见和依据贫农、雇农、工人的要求改进工作等语，其中不但没有小资产阶级、中等资产阶级，连中农、独立工商业者、自由职业者及从事脑力劳动的知识分子也没有提到。这违反了中央的政策，希望他们研究中央政策，纠正错误观点。① 中共中央于 1948 年 2 月 11 日在《中共中央关于纠正土地改革宣传中左倾错误的指示》中，批评了各地宣传部从来没有或很少向中宣部请求请示宣传方针及作报告，几乎完全各行其是，各中央局及分局对于宣传方针也不是都抓得很紧，也没有向中央请求请示及作报告，同时指出“这种现象必须改变”。②

为严格统一党的宣传工作，1948 年 6 月 5 日，中共中央发出《中共中央关于宣传工作中请示与报告制度的规定》，③提出了一整套建立新闻宣传请示与报告制度的办法。该规定内容共 8 条，从请示报告的工作体系和内容体系等方面进行

---

① 参见郑保卫主编：《中国共产党领导人新闻实践与新闻思想研究》，中国人民大学出版社 2011 年版，第 98 页。转引自中共中央文献研究室、新华通讯社编：《毛泽东新闻工作文选》，新华出版社 1983 年版，第 139 页。

② 参见中国社会科学院新闻研究所编：《中国共产党新闻工作文件汇编》（上），新华出版社 1980 年版，第 182 ~ 183 页。

③ 参见中共中央宣传部编著：《中国共产党宣传工作简史》（上册），人民出版社 2022 年版，第 220 页。

了明确。[①]

一方面，该规定形成了严格清晰的请示报告工作体系。该规定要求，凡各级党委及其负责人，对于带有全国性或全党性问题的言论，凡其内容有不同于中央现行政策和指示者，均应事前将意见和理由报告中央批准；对于其内容虽同于中央现行政策和指示，但其性质特别重要者，亦应事前向中央请示；对于属于地方性局部性的言论，亦应执行上述同样原则，即凡新的和特别重要的宣传，均应向上级党委请示。

另一方面，该规定形成了完整具体的请示报告内容体系。该规定要求，不仅报纸文章要请示报告，而且各地以党及党的负责同志名义所出版的书籍、杂志，在出版前也要送交党的有关部门。同时要求从当年 7 月起，各中央局及分局宣传部应每半年就党的与非党的报纸，党的与非党的书籍、杂志、书店以及广播播送与收听情况、文艺活动情况与城乡群众中的宣传情况等，向中宣部作一次系统的情况报告。

1948 年 8 月 28 日，毛泽东同志在审阅中共中央关于请示报告制度的指示稿第三稿时，加写了一段话："各地党报必须无条件地宣传中央的路线和政策，并不得在宣传中将中

① 参见王维国、周杰：《西柏坡时期中共新闻宣传工作的制度建设》，载《青年记者》2017 年第 28 期。

央和受中央委托执行中央的路线政策和任务的机关（各中央局、分局、军委分会和前委会）相平列。相反地，必须公开向党内外声明，各受中央委托的机关是执行中央的路线政策和任务的。各中央局、分局、军委分会及前委会在发出自己的决议、指示、命令和训令时，亦必须注意到此点，不得将自己和中央相平列，甚或向党内军内将自己造成高出中央的影响。"① 由此可见，毛泽东同志希望党报在政治上同中央保持一致的态度是十分明确的。

至于对外宣传，同样强调要统一口径，要求地方党政军机构及其领导人未经请示上级，不得擅自向外表示态度。1949 年 1 月 26 日，中共中央针对个别地方负责同志擅自接受中外记者采访的行为，发出《中共中央关于各地不得擅自向中外记者发表意见的通知》。该通知再次重申，以后各地对于从国民党区来的一切情况不明的中外记者，必须拒绝接谈任何问题；对于确系革命的或同情的记者，是否接谈，亦须请示上级决定。任何下级人员不得擅自表示态度。② 该通知的发出，有效地遏制了地方干部擅自对外发表意见的无组织无纪律现象，对于统一各地干部思想和新闻宣传纪律很有

---

① 中共中央宣传部编著：《中国共产党宣传工作简史》（上卷），人民出版社 2022 年版，第 221 页。

② 参见中国社会科学院新闻研究所编：《中国共产党新闻工作文件汇编》（上），新华出版社 1980 年版，第 271 页。

意义，维护了全党在对外新闻宣传上的高度统一。

西柏坡时期，除《中共中央关于宣传工作中请示与报告制度的规定》外，中共中央还专门通过了一些相关的决定，毛泽东同志也连续撰写《纠正土地改革宣传中的“左”倾错误》《党报必须无条件地宣传中央的路线和政策》《不要在约法八章等之外再发任何口号》等文章特别强调宣传纪律，[①] 标志着中国共产党宣传工作请示报告制度的最终确立。尤其是《中共中央关于宣传工作中请示与报告制度的规定》这一文件，在革命胜利即将到来之际，对于统一全党的宣传方针和政策，严肃政治和宣传纪律，团结和凝聚各级党委政府，贯彻党中央正确路线和政策发挥了重要作用。[②]

建立和执行党内请示报告制度的核心要义，就是确保政令畅通，确保党中央权威和集中统一领导落地生根。[③] 正如习近平总书记强调指出：“请示报告不是小事，不要满不在乎，这些年来一些干部出事就出在这个上面。”[④] 纵观百年党史，中国共产党在领导中国革命、建设、改革的伟大征程

---

① 参见林之达主编：《中国共产党宣传史》，四川人民出版社 1990 年版，第 5 页。

② 参见王润泽、余玉：《宣传工作中的请示与报告制度》，载《新闻前哨》2014 年第 9 期。

③ 参见何旗：《新民主主义时期中国共产党请示报告制度的建立及启示》，载《中南民族大学学报（人文社会科学版）》2022 年第 8 期。

④ 中共中央文献研究室编：《十八大以来重要文献选编》（上），中央文献出版社 2014 年版，第 767 页。

中，积累了丰富的请示报告制度建设经验，比如，维护党中央权威和集中统一领导是请示报告制度建设的根本目的；处理好请示报告与独立自主的辩证关系是请示报告制度建设的重要原则；锻造党的坚强组织体系，确保党中央决策部署的贯彻落实，是请示报告制度建设的关键环节等。① 历史和实践都表明，请示报告制度是党的领导制度体系的重要组成部分和关键一环；通过在全党全军建立和实施定期性的请示报告制度，中国共产党有效克服了党内军内出现的地方主义、游击主义、分散主义以及无纪律无政府状态，② 从而凝聚起了强大的领导力，确保了党性原则的有效贯彻落实。请示报告制度的建立，对于加强党的集中统一领导，保证党的路线、方针、政策的正确贯彻执行发挥了重大作用。③ 因此，宣传工作请示报告制度自确立后一直沿用至今，成为宣传领域坚持和贯彻党性原则的一项重要的纪律和管理制度。

---

① 参见刘鹏：《中国共产党请示报告制度建设之百年回眸及经验启示》，载《北京行政学院学报》2021 年第 6 期。

② 参见何旗：《新民主主义时期中国共产党请示报告制度的建立及启示》，载《中南民族大学学报（人文社会科学版）》2022 年第 8 期。

③ 参见中央全面依法治国委员会办公室：《中国共产党百年法治大事记（1921 年 7 月—2021 年 7 月）》，人民出版社、法律出版社 2022 年版，第 53 页。

二、党性原则是无产阶级政党宣传工作的根本原则

如前所述，宣传工作请示报告制度的确立和发展过程，是无产阶级宣传事业为党领导的革命事业服务，同党中央保持政治、思想和组织上的一致的生动缩影，其中闪烁着党性原则的光辉。作为无产阶级宣传事业的根本原则，党性原则是自马克思、恩格斯创办世界上最早的无产阶级政党机关报《新莱茵报》以来，各国无产阶级政党新闻宣传始终坚持的一个优良传统。① 无产阶级政党从不隐瞒自己的政治观点，公开宣布自身新闻工作的性质，称之为“党的阵地”“党的喉舌”“舆论工具”“思想上的中心”等，② 并致力于将党性原则贯穿宣传工作始终。1848 年6 月，为了宣传《共产党宣言》，塑造无产阶级的运动，马克思、恩格斯在德国科伦创办了大型报纸《新莱茵报》，在办报中英勇实践党性原则，成为无产阶级的一面光辉旗帜。③ 在马克思、恩格斯看来报刊是意识形态的机构，新闻是社会意识的表现。这种对媒体

① 参见郑保卫主编：《中国共产党领导人新闻实践与新闻思想研究》，中国人民大学出版社 2011 年版，第 20 页。

② 参见扬子剑：《永葆新闻工作党性原则的生命力》，载《新闻记者》2001 年第 7 期。

③ 参见徐人仲：《新形势下新闻媒体的党性原则研究》，中央文献出版社 2009 年版，第 95 页。

根本属性的论述，是整个马克思主义新闻观的基石。[①]

列宁在俄国革命的实践中深化了马克思主义新闻观，旗帜鲜明坚持“非党性是资产阶级思想。党性是社会主义思想”的观点，在无产阶级革命家中第一个明确提出了新闻事业的党性原则，并对党报党性原则作出全面系统论述。1905年11月，他在《党的组织和党的出版物》中指出：“……社会主义无产阶级应当提出党的出版物的原则，发展这个原则，并且尽可能以完备和完整的形式实现这个原则。”“写作事业应当成为整个无产阶级事业的一部分，成为由整个工人阶级的整个觉悟的先锋队所开动的一部巨大的社会民主主义机器的‘齿轮和螺丝钉’。”“确定党的观点和反党观点的界限的，是党纲，是党的策略决议和党章，最后是国际社会民主党，各国的无产阶级自愿联盟的全部经验……”[②] 列宁还专门就党的出版物必须接受党的监督、向党报告工作提出了严格要求，指出“出版社和发行所、书店和阅览室、图书馆和各种书报营业所，都应当成为党的机构，向党报告工作情况。有组织的社会主义无产阶级，应当注视这一切工作，监督这一切工作，把生气勃勃的无产阶级事业的生气勃勃的精

① 参见范国平：《浅析新闻党性原则的发展轨迹》，载《中国广播》2011年第6期。

② 中共中央马克思恩格斯列宁斯大林著作编译局编译：《列宁全集》（第12卷），人民出版社1987年版，第93、95页。

神，带到这一切工作中去，无一例外”[1]。

其后各国社会主义革命和建设实践无不证明，坚持党对宣传工作的领导，是党夺取政权、巩固执政地位、长期执政的一个重要法宝。作为马克思主义新闻观的灵魂和核心，党性原则是在无产阶级政党领导下，对宣传事业的地位、性质、功能以及原则、方针的总的看法，是在各种新闻宣传活动中体现党的意识形态、思想方法、政治主张、组织原则和理念的行为准则，[2] 解决了宣传领域“谁来管”“怎么管”的问题。[3]

从外延上看，党性原则至少包含以下四个方面基本的规定性：一是组织上服从党的领导。党性原则的首要条件是在组织上服从党的领导，这成为党工作中的一个重要组成部分。[4] 党在领导宣传事业的过程中，必须始终掌握对重大事项的决策权，对资产配置的控制权，对宣传业务的审核权，

---

① 中共中央马克思恩格斯列宁斯大林著作编译局编译：《列宁全集》（第12卷），人民出版社1987年版，第94页。

② 参见徐人仲：《新形势下新闻媒体的党性原则研究》，中央文献出版社2009年版，第151页。

③ 参见蔡斐、王啸洋：《党管宣传工作的法治化：宣传领域党内法规若干基本问题论略》，载《新闻知识》2022年第12期。

④ 参见任碧鑫：《回溯新闻党性原则的理论依据和基本要求》，载《新闻研究导刊》2020年第4期。

对主要领导干部的任免权。[①] 二是政治上和党保持一致。坚持党的立场观点，认真贯彻执行党的路线、方针、政策，决不能出现反对党的声音和观点。在衡量宣传报道的价值时，要首先从政治上来把握，看它与党性原则是否一致，是否符合党的主张。[②] 三是思想上捍卫马克思主义。坚持辩证唯物主义和历史唯物主义的世界观和方法论，坚持一切从实际出发、实事求是的科学态度做好马克思主义宣传工作。四是立场上服务人民群众。党性说到底是立场问题，即宣传工作为谁服务。以党报为代表的新闻内容创作，就是为千千万万劳动人民服务，为此要丰富宣传形式，不仅要建立机关党报，还要设置一些通俗的报纸，方便不同类型群众阅读和理解，从而实现宣传目的。[③]

在无产阶级政党宣传理论和实践中，突出强调党性原则的显著特征：一是鲜明的阶级性。新闻传播活动作为人类特有的一种有意识的社会性的信息传播活动，离不开一定的价值取向和思想理论指导，必然带有阶级性和政治倾向性，必

① 参见魏永征：《中国媒介管理法制的体系化——回顾媒介法制建设 30 年》，载《国际新闻界》2008 年第 12 期。

② 参见耿向阳：《新闻党性原则对新闻工作者的最基本要求》，载《记者摇篮》2021 年第 4 期。

③ 参见任碧鑫：《回溯新闻党性原则的理论依据和基本要求》，载《新闻研究导刊》2020 年第 4 期。

然发挥导向作用，必然具有政治色彩。[①] 党性原则便是这种新闻阶级性的集中表现。二是鲜明的科学性。党性原则是在无产阶级争取解放的伟大斗争和生活中形成的思想体系，它以辩证唯物主义和历史唯物主义为内核，以各种新闻事实为载体，反映社会全貌，鼓舞和激励广大群众不断前进，具有普遍的规律性、先进性。三是鲜明的时代性。党性原则虽然也涉及过去的事情，但绝不是坐在象牙塔里闭门研究过去的事情，而是主要关注现在的事情，关注当前宣传领域的新情况新问题，指导正在发生的鲜活实践。四是鲜明的开放性。社会主义党性和新闻党性是宣传工作长期实践和探索的宝贵成果，是一个持续开放、不断与时俱进地发展着的思想体系，始终用敏锐的眼光和极大的胸怀与外界息息相通，从全人类宣传理论和实践中汲取营养、增强活力。上述宣传工作党性原则所具有的阶级性、科学性、时代性和开放性特征，在中国共产党成立以来的百年宣传事业中一以贯之，并随着马克思主义中国化时代化步伐不断开辟新的境界。

三、党性原则是党的宣传事业发展所需和经验总结

在中国共产党百年光辉历程中，党的领导始终是贯穿于

① 参见耿向阳：《新闻党性原则对新闻工作者的最基本要求》，载《记者摇篮》2021年第4期。

党的各项事业中的一条红线。[①] 中国无产阶级及其政党的宣传事业也一直把党性作为自己工作的一项根本原则，认为宣传工作是党的事业的重要组成部分，必须置于党的统一领导之下。

1921 年，党的一大通过的《中国共产党第一个决议》第二部分“宣传”中规定：“一切书籍、日报、标语和传单的出版工作，均应受中央执行委员会或临时中央执行委员会的监督。”“不论中央或地方出版的一切出版物，其出版工作均应受党员的领导。”“任何出版物，无论是中央的或地方的，均不得刊登违背党的原则、政策和决议的文章。”[②] 党的二大决定正式加入共产国际，通过《中国共产党加入第三国际决议案》，其中直接将党性原则内容写进文件，规定：“一切定期的或其他的报纸与出版物，须完全服从党的中央委员会，无论他是合法的或违法的，决不许出版机关任意自主，以致引出违反本党的政策。”中共中央据此创办了机关报刊、通讯社和各种无产阶级报刊，先后成立了中央教育宣传委员会、中央机关报编辑委员会、中央机关报编辑委员

① 参见朱清河、谢昕忻：《中国共产党党管媒体一百年：理念、历程与经验》，载《新闻爱好者》2021 年第 9 期。

② 林之达主编：《中国共产党宣传史》，四川人民出版社 1990 年版，第 5 页。

会，从组织上思想上加强了党对新闻宣传工作的统一领导。①1929 年 6 月，党的六届二中全会《宣传工作决议案》指出："日报一定要严正的代表党的意见，不能违背修改或掩盖一部分党的主张以迁就工作上的便利……"② 1931 年 4 月，《中央关于苏区宣传鼓动工作决议》指出，"党报是党的党纲，党的政策的直接的宣传者，是从党的立场来记载一切消息的。"③ 1931 年 11 月，中央苏区通过的《党的建设问题决议案》中明确指出，"党报是领导全党的斗争，组织广大群众在党的政治主张周围的一种最重要的武器……建立完善的党报，应看成是党的建立工作重要的一部分。"④

1935 年 2 月 19 日，《红星》报长征专号第 10 期刊登了《军委纵队党的干部会议决议案》，这是迄今为止发现的唯一的，当时在党和红军报刊上公开报道党的遵义会议情况，传达遵义会议精神，以及部队指战员拥护党的中央政治局决议案情况的珍贵史料。在 1935 年 3 月 4 日《红星》报长征专号第 11 期所刊《准备继续作战，消灭周纵队和四川军阀》

① 参见郑保卫主编：《中国共产党新闻思想史》，福建人民出版社 2004 年版，第 25 页。

② 中国社会科学院新闻研究所编：《中国共产党新闻工作文件汇编》（上），新华出版社 1980 年版，第 54～55 页。

③ 郑保卫主编：《中国共产党新闻思想史》，福建人民出版社 2004 年版，第 93 页。

④ 黄娴、丁柏铨：《党管媒体：新中国成立以来的理论与实践》，载《传媒观察》2021 年第 10 期。

的社论中，再次指出："这一胜利是在党中央局扩大会反对了华夫同志的单纯防御路线，采取了正确的军事领导之后的胜利。"① 作为长征期间我党我军主办发行的唯一报纸，《红星》报在条件极其有限的情况下，及时刊登会议精神文件并发表社论，最早对遵义会议精神加以宣传和拥护，是及时精准宣传党的路线方针政策的典范。

1940 年 12 月，解放区的第一座广播电台——延安新华广播电台开始播音，广播稿由新华社广播科编辑。毛泽东同志特别指出，"一切党的政策，将经过《解放日报》与新华社向全国宣达……各地应注意接收延安的广播"②。1941 年 5 月，抗日民主根据地出版的首份大型日报——《解放日报》在延安创刊，毛泽东同志指出，《解放日报》要"增强党性与反映群众"。③ 但直到 1942 年年初，创办了近一年的《解放日报》的报道重心，仍然放在国际新闻上，并没有贴近当

---

① 肖裕声：《长征中的宣传思想工作：记载重大史实的〈红星〉报》，载学习强国 2021 年 10 月 14 日，https://www.xuexi.cn/lgpage/detail/index.html? id = 12728779782842136764& item_id = 12728779782842136764；刘艳：《揭秘：最早宣传遵义会议精神的报纸》，载内蒙古新闻网，http://ztpd.nmgnews.com.cn/system/2011/07/27/010629082.shtml#。

② 房正宏：《新中国 70 年党管意识形态工作的基本经验》，载《理论与改革》2019 年第 3 期。

③ 参见黄娴、丁柏铨：《党管媒体：新中国成立以来的理论与实践》，载《传媒观察》2021 年第 10 期。

时党的整风工作，还没有成为真正的党报。针对这种情况，毛泽东同志严厉批评当时新闻队伍中一些人同党“闹独立性”的错误倾向，明确提出党报“必须无条件地宣传中央的路线和政策，增强报刊宣传的党性”。[①] 为此，《解放日报》在改版时发表了一篇《致读者》的社论，其中首次把“党性”列为党报必须具备的四种品质之首，位于群众性、战斗性和组织性之前，[②] 体现出宣传工作党性原则实践与认识的升华。

根据解放区新闻宣传中存在的问题和实际需要，党中央就宣传工作方针、原则性问题作出了一系列指示和规定，毛泽东等中央领导同志的有关文章、讲话、指示等也大都涉及党性原则问题，从而形成了中国共产党关于宣传工作党性原则较为系统的观点。除明确党报的宣传必须增强党性，要克服宣传人员中“闹独立性”的错误倾向外，还包括：宣传思想工作与武装斗争是“车之两轮、鸟之两翼”，“共产党是要左手拿传单右手拿枪弹才可以打倒敌人的”[③]；党报要

① 中共中央文献研究室编：《文献和研究》（1983 年汇编本），人民出版社 1984 年版，第 267 页。

② 参见朱清河、焦慧敏：《延安时期“党管媒体”的话语建构和经验启示》，载《教育传媒研究》2021 年第 4 期。

③ 中共中央宣传部干部局组织编写：《新时代宣传思想工作》，学习出版社 2020 年版，第 1 页。

同党中央保持政治步调的一致，未经同意，不得任意发表涉及全党、全军、全国的全局性的文件、电文、讲演等；党报应严格按照党的方针进行宣传，不能有违背党的方针的表现；各地党组织特别是各级党委，应对党报工作极大注意，不关心党报是党性不强的具体表现，要抓紧对党报的领导，把帮助利用党报作为经常性业务之一等。[①] 这些观点在解放区新闻界迅速达成共识，不仅成为这一时期宣传工作的指导原则，而且作为中国共产党的优良传统被继承和发扬。

从战争年代过渡到和平建设时代，环境变化了，人的意识改变了，党性原则也面临着向新的历史条件的过渡。在社会主义建设时期，为了保证党在政治路线、思想原则和宣传方针上的统一，中国共产党对宣传工作如何坚持党性原则提出明确要求，强调社会主义报刊媒体对维护政权阶级属性、实现政治目标具有重要的保障作用。比如，毛泽东同志反复强调"政治家办报"原则，重视运用报纸实现政治目的的能力。他说："写文章尤其是社论，一定要从政治上总揽全局，紧密结合政治形势。这叫做政治家办报。"[②] 并指出："新闻工作，要看是政治家办，还是书生办。有些人是书生，最大

① 参见郑保卫主编：《中国共产党领导人新闻实践与新闻思想研究》，中国人民大学出版社 2011 年版，第 21 页。

② 朱清河：《中国共产党"党管媒体"理念的百年建构与实践》，载《郑州大学学报（哲学社会科学版）》2021 年第 5 期。

的缺点是多谋寡断。刘备、孙权、袁绍都有这个缺点，曹操就多谋善断。”“办报也要多谋善断。要一眼看准，立即抓住、抓紧，形势一变，要转得快。”① 这个时期，中共中央和中央人民政府的有关文告、通知、决议、规定中，对一些地方在党报宣传过程中出现的错误进行批评，其中也有不少涉及党性原则的内容。②

经历了“反右”“大跃进”“文化大革命”的曲折和彷徨，进入改革开放新时期后，党的历届领导集体始终旗帜鲜明地捍卫宣传工作党性原则，中央领导同志先后对新闻宣传事业坚持党性原则问题提出了许多新的要求。邓小平同志立足坚持和改善党的领导，提出“党报党刊一定要无条件地宣传党的主张”“要使我们党的报刊成为全国安定团结的思想上的中心”③。江泽民同志指出：“我们的新闻工作是党的整个事业的一个重要组成部分。因此不言而喻，必须坚持党性原则。”④ “坚持党性原则，就要求新闻宣传在政治上必须同

---

① 郑保卫主编：《中国共产党新闻思想史》，福建人民出版社 2004 年版，第 355 页。

② 参见郑保卫主编：《中国共产党领导人新闻实践与新闻思想研究》，中国人民大学出版社 2011 年版，第 22 页。

③ 中共中央宣传部理论局编：《当代中国马克思主义研究巡礼》（下），人民出版社 1995 年版，第 1376 页。

④ 中共中央文献研究室编：《十三大以来重要文献选编》（中），人民出版社 1991 年版，第 770 页。

党中央保持一致。”① 胡锦涛同志指出：“党管宣传、党管意识形态，是我们党在长期实践中形成的重要原则和制度，是坚持党的领导的一个重要方面，必须始终牢牢坚持，任何时候都不能动摇。”② “我们的新闻媒体是党和人民的喉舌，一定要坚持新闻工作的党性原则，坚持团结稳定鼓劲、正面宣传为主的方针……”③

党的十八大以来，以习近平同志为核心的党中央深刻总结国际国内经验教训，审时度势、迎难而上，深刻论述马克思主义新闻观的一系列重大基本问题，对宣传思想工作提出并践行一系列新思想新观点新论断，概括起来就是认真履行举旗帜、聚民心、育新人、兴文化、展形象的使命任务，做到“九个坚持”。④ 习近平总书记高度重视坚持党性原则对于做好宣传思想工作的重要性和根本性，指出：“党性原则是党的新闻舆论工作的根本原则。党管宣传、党管意识形态、党管媒体是坚持党的领导的重要方面。党性原则不仅要

---

① 中共中央文献研究室编：《十三大以来重要文献选编》（中），人民出版社 1991 年版，第 771 页。

② 中共中央宣传部、中共中央文献研究室编：《论文化建设——重要论述摘编》，学习出版社、中央文献出版社 2012 年版，第 133 页。

③ 中共中央文献研究室编：《十五大以来重要文献选编》（下），人民出版社 2003 年版，第 2216 页。

④ 参见中共中央宣传部干部局组织编写：《新时代宣传思想工作》，学习出版社 2020 年版，第 2 页。

讲，而且要理直气壮讲，不能躲躲闪闪、扭扭捏捏。”① “坚持党性，核心就是坚持正确政治方向，站稳政治立场，坚定宣传党的理论和路线方针政策，坚定宣传中央重大工作部署，坚定宣传中央关于形势的重大分析判断，坚决同党中央保持高度一致，坚决维护中央权威。”② “坚持党的全面领导是坚持和发展中国特色社会主义的必由之路。”③ 必须坚持和加强党对宣传思想工作的全面领导。对此，习近平总书记指出：“要加强党对宣传思想工作的全面领导，旗帜鲜明坚持党管宣传、党管意识形态。”④ 强调：“党的新闻舆论媒体的所有工作，都要体现党的意志、反映党的主张，维护党中央权威、维护党的团结，做到爱党、护党、为党；都要增强看齐意识，在思想上政治上行动上同党中央保持高度一致；都要坚持党性和人民性相统一，把党的理论和路线方针政策变成人民群众的自觉行动，及时把人民群众创造的经验和面临的实际情况反映出来，丰富人民精神世界，增强人民精神力量。”⑤ 党性原则必须长期坚持，“无论时代如何发展、媒

---

① 中共中央党史和文献研究院编：《习近平关于总体国家安全观论述摘编》，中央文献出版社 2018 年版，第 119 页。

② 《习近平谈治国理政》，外文出版社 2014 年版，第 154 页。

③ 参见《习近平谈治国理政》（第 4 卷），外文出版社 2022 年版，第 34 页。

④ 《习近平谈治国理政》（第 3 卷），外文出版社 2020 年版，第 314 页。

⑤ 《习近平谈治国理政》（第 2 卷），外文出版社 2017 年版，第 332 页。

体格局如何变化，党管媒体的原则和制度不能变”①。

党的二十大报告中指出，党的十八大召开十年来，“我们确立和坚持马克思主义在意识形态领域指导地位的根本制度”“意识形态领域形势发生全局性、根本性转变”，在今后的征程中也要继续“牢牢掌握党对意识形态工作领导权，全面落实意识形态工作责任制，巩固壮大奋进新时代的主流思想舆论”。习近平总书记对党性原则的系统阐述，丰富和发展了符合新时代需要和具有新时代特点的宣传工作党性原则，把中国共产党对党性原则的规律性认识提升到一个新的高度，为马克思主义党性原则的中国化时代化作出了新的重大贡献。

回望党的宣传工作史，寻根溯源，宣传工作党性原则的确立和发展过程，就是中国共产党人不断将马克思主义与中国革命和建设实践相结合，创造性地将这一原则与党的宣传事业紧密结合起来，不断推动马克思主义中国化时代化的过程。党性是“一致的行动，一致的意见，集体主义”②。党性原则是中国共产党运用媒体团结人民取得革命、建设和改

---

① 习近平：《论党的宣传思想工作》，中央文献出版社2020年版，第182页。

② 唐荣堂：《马克思主义新闻观核心概念（宣传篇）》，复旦大学出版社2024年版，第82页。

革胜利的“成功之道”和“制胜法宝”。[①] 党性原则的确立，不仅使党的宣传事业从诞生开始就注入了红色文化的革命血脉基因，而且使坚持党的全面领导成为宣传工作一以贯之的优良传统，推动党的宣传事业从无到有、从小到大、从弱到强，踔厉奋发、守正创新，不断谱写无产阶级宣传事业的壮丽篇章。

四、遵循党性原则崇高要求，推动法治新闻舆论工作守正创新

实践证明，党性立场是宣传思想战线坚持正确政治方向的主心骨和定盘星，是新时期加强和改进党对宣传思想工作领导的总开关与试金石。[②] 无论过去、现在还是未来，党性原则都是宣传工作服务党的事业的崇高要求。媒体姓党，就要做到爱党、护党、为党，在党的统一领导下为实现党的中心工作和根本任务做好宣传服务。

第一，及时精准宣传党的路线方针政策。新闻党性原则是具体的历史的，党性理念体现在对党的路线方针政策的态度上。这就要求新闻舆论工作者自觉接受党的领导，毫不动

① 参见朱清河、谢昕忻：《中国共产党党管媒体一百年：理念、历程与经验》，载《新闻爱好者》2021 年第 9 期。

② 参见姚成得：《马克思主义新闻观党性立场的传承与创新》，载《社科纵横》2017 年第 6 期。

摇听从党的指挥，一心一意服务党的事业，[①] 把党的声音和主张及时传递到群众当中，并形成千百万群众的积极行动。

第二，勇于维护正确政治导向和正面宣传阵地。团结稳定鼓劲、正面宣传为主，是党的新闻舆论工作必须遵循的基本方针。[②] 新闻舆论的作用在于为党和人民的利益鼓与呼，通过客观真实的宣传报道启发和引导群众，提高群众判断是非对错的能力水平。

第三，敢于举旗亮剑同一切损害党的现象作斗争。党的宣传史上，不乏为宣传党的正确主张与反动派英勇斗争，甚至英勇牺牲的革命先驱。新的历史条件下，新闻舆论工作者同样“要直面工作中存在的问题，直面社会丑恶现象，激浊扬清、针砭时弊”[③]，发扬斗争精神、增强斗争本领，不断增强脚力、眼力、脑力、笔力，[④] 真正成为“党的政策主张的传播者、时代风云的记录者、社会进步的推动者、公平正义的守望者”[⑤]。

---

① 参见黄婀、丁柏铨：《党管媒体：新中国成立以来的理论与实践》，载《传媒观察》2021 年第 10 期。

② 参见中共中央宣传部干部局组织编写：《新时代宣传思想工作》，学习出版社 2020 年版，第 48 页。

③ 《习近平谈治国理政》（第 2 卷），外文出版社 2017 年版，第 333 页。

④ 参见中共中央宣传部编著：《中国共产党宣传工作简史》（下卷），人民出版社 2022 年版，第 766 页。

⑤ 《习近平谈治国理政》（第 2 卷），外文出版社 2017 年版，第 332 页。

第四，严格遵守宣传纪律。宣传工作的政治性、政策性都很强，必须讲大局、讲原则、讲纪律。党的宣传纪律是对宣传工作者在政治纪律、组织纪律和报道纪律等方面的规定和要求，是宣传工作党性原则的一个重要组成部分，也是广大宣传工作者进行各种宣传活动时必须遵守、不得违反的基本准则和行为规范。[①] 法治新闻舆论工作者一定要在加强自身修养上多下功夫，发扬职业精神，恪守职业道德，不断锤炼作风。

坚持党性原则，牢记媒体姓党，也是做好法治新闻舆论工作的根本要求和基本遵循。无论形势如何变化，宣传方式如何更新，党的新闻事业一以贯之的精神不能丢，必须坚守的底线一定得守住。站在新的历史起点上，法治新闻舆论工作肩负着为全面依法治国事业发展营造良好舆论环境的职责使命，这就要求广大法治新闻舆论工作者一定要站稳政治立场，全面贯彻习近平新时代中国特色社会主义思想，深入贯彻习近平法治思想，深刻领悟“两个确立”的决定性意义，增强“四个意识”、坚定“四个自信”、做到“两个维护”，锚定新时代新征程党的中心任务，以忠诚担当、高度负责、昂扬奋进的精神状态投身新时代法治新闻舆论工作。

首先，坚持党的全面领导。旗帜鲜明坚持党管宣传、党

① 参见张志新：《论新闻宣传纪律》，载《城市党报研究》2005 年第 5 期。

管意识形态、党管媒体，牢固树立马克思主义新闻观，清醒认识司法行政意识形态领域、政法意识形态领域乃至全社会意识形态领域、国际意识形态领域的客观现状，[①] 牢牢坚持政治家办报、办刊、办网、办新媒体，严格落实意识形态工作责任制，强化意识形态阵地管理，把党的领导贯穿法治宣传工作全过程各环节，尽心尽力当好党和人民的“喉舌”。

其次，把握大局大势。善于在大局下思考、在大局下行动，牢牢把握以中国式现代化推进中华民族伟大复兴的使命任务，为谱写全面建设社会主义现代化国家新篇章提供有力法治宣传服务。

再次，增强业务本领。强化法治思维和互联网思维，善于把握网络法治信息生产传播的规律特点，努力推出有政治高度、理论深度和思想温度，受众喜闻乐见的法治领域宣传报道。

最后，严守宣传纪律。严格遵守法纪、政纪、党纪，对标《中国共产党宣传工作条例》《中国共产党政法工作条例》等规定，自觉遵守和践行理论学习宣传、群众教育引导、新闻舆论出版、思想道德建设、互联网宣传、意识形态管理等各方面宣传纪律要求，恪守职业伦理道德规范，勤奋工作、甘于奉献，切实做到政治强、业务精、纪律严、作风正。

---

① 参见王舸：《司法行政哲学》，中国政法大学出版社 2014 年版，第 111 页。

第二章　宣传网制度与群众宣传工作机制

宣传网制度，是新中国成立初期中国共产党建立的一套覆盖全国、自上而下的经常性群众政治动员网络机制和渠道。在新中国成立不久、百废待兴的背景下，我们党借鉴苏联经验，立足中国国情，创制出宣传网这一符合当时形势的群众宣传工作机制，在推动人民群众积极投身国家建设方面发挥了积极作用。尽管随着情势变迁，宣传网制度完成历史使命并逐渐淡出历史舞台，但它所蕴含的宣传智慧，特别是在组织推动、队伍培养和激励监督等方面积累的宝贵经验，值得新时代法治新闻舆论工作吸收借鉴。

一、《中共中央关于在全党建立对人民群众的宣传网的决定》与宣传网制度的发展历程

新中国成立后，中国共产党由革命党变为执政党，中心

任务也随之发生转变，即由新民主主义革命转为建立新的社会秩序。为了有效组织动员广大人民群众统一思想、集中力量，投入新秩序的建立和新政权的建设之中，在全国范围开展对人民群众经常性宣传工作，使其了解党的理论、路线、方针、政策并消除错误的思想，成为重中之重。

然而当时的情况是，全国的报纸、广播、出版等各种宣传思想工具虽都已归属于中共中央，但党的宣传机构和人员严重不足，导致这些宣传工具不能发挥作用，宣传工作也不能在全国范围内有效展开。1950 年 3 月，主管全国宣传工作的中宣部仅有五处一室（秘书处、干部处、编译处、政治教育处、时事宣传处、教育研究室），兼有政治教育、时事宣传、管理国家文化教育工作等多重任务。宣传工作一线的情况也不容乐观。1951 年 2 月，中共中央颁布《关于健全各级党委宣传机构和加强党的宣传教育工作的指示》，明确了各级宣传部的机构设置、人员编制和职责范围，要求各地在一两年内逐步充实宣传部的机构与人力。但该指示到达基层的落实情况堪忧："各省委及地委宣传部的干部尤感缺乏。地委宣传部往往只有部长而无其他工作人员，西南及中南的有些地委且无宣传部长，县委宣传部更弱……"①

① 中共中央文献研究室编：《建国以来重要文献选编》（第 2 册），中央文献出版社 1992 年版，第 76 页。

并且各地的工作思路也存在问题，“各级宣传部很少注意党内外的思想动态，对马列主义—毛泽东思想更少有系统地宣传。县委宣传部很多是有名无实，名为宣传部，实则不管宣传工作”①。

在宣传机构与制度亟待进一步健全、宣传工作干部亟待进一步培养的大背景下，宣传网制度的出现和成熟成为提高中国共产党宣传力的重要支撑。具体而言，这项制度的建立和发展，主要经历了四个阶段。

（一）第一阶段：部分地区试点

试点首先在东北地区开始。1950 年 2 月下旬至 3 月中旬，中共东北局宣传部率先在辽宁沈阳皇姑屯铁路工厂、黑龙江肇东的九区太平山村以及西八里村，通过从党员、团员及劳动模范中选拔宣传员的方式，建立宣传员小组的试点工作，拉开东北地区建立宣传网试点工作的序幕。1950 年 5 月，在东北工矿企业宣传工作会议的推动下，东北各地陆续建立宣传员小组。如沈阳机器一厂以第一制造场与装配场为重点，用近 2 个月时间共培养出宣传员 22 名，其中党员 11 名、团员 5 名、非党积极分子 6 名，平均不到 24 名工人就

① 中共中央宣传部办公厅编著：《党的宣传工作文件选编（1949—1966）》，中共中央党校出版社 1994 年版，第 70 页。

有 1 名宣传员。[①]

此后，随着抗美援朝运动的开展，东北地区建设宣传网的工作迅速发展。截至 1950 年年底，“全区宣传员已达十一万七千二百八十三人”[②]，工作开展较好的地区宣传员的人数已占到一定比例，如沈阳制钉厂有宣传员 68 名，宣传员最多的支部已达职工总数的 13%；大连远东电业玻璃工厂宣传员人数已达职工总人数的 10%；鞍山选矿厂有宣传员 98 名，占全体职工的 6%。在农村，吉林蛟河南岗村有 342 户村民共计 1364 人，其中宣传员 72 人，约占全村人口的 5.3%；黑龙江省 3/4 的村子已建立宣传员组织，全省宣传员人数达 4 万余名。[③] 宣传员小组建立后，迅速成为党和政府联系人民群众的桥梁和纽带，极大地推动了国防支援、工农业生产等各项中心工作的开展。宣传网建设在东北地区取得的成绩，为全国各地其他地方起到了示范作用，华北、华东、中南地区陆续开始试验发展宣传员，也都取得了一定成效。

---

① 参见富振声：《东北区建立宣传网的经验》，载《人民日报》1951 年 3 月 14 日，第 3 版。

② 富振声：《东北区建立宣传网的经验》，载《人民日报》1951 年 3 月 14 日，第 3 版。

③ 参见富振声：《东北区建立宣传网的经验》，载《人民日报》1951 年 3 月 14 日，第 3 版。

（二）第二阶段：全国范围推广

在总结试点经验的基础上，1951年1月1日，中共中央发布《中共中央关于在全党建立对人民群众的宣传网的决定》，指出“共产党员的天职之一，就是随时随地向人民群众进行宣传”，要求“在全党范围内迅速建立宣传员和报告员制度”，[①] 这标志着宣传网制度在全国范围开始推行。两天后，《人民日报》头版全文刊登了《中共中央关于在全党建立对人民群众的宣传网的决定》，对宣传网制度进行了全面介绍。根据《中共中央关于在全党建立对人民群众的宣传网的决定》，建立对人民群众的经常性的宣传网，“即在党的每个支部设立宣传员，在党的各级领导机关设立报告员，并建立关于宣传员报告员工作的一定制度”，但仅依靠党的宣传网是不够的，还“应着重组织适当形式的非党宣传网”，发挥各界群众在生产生活中的积极作用，形成最广大的宣传队伍。《中共中央关于在全党建立对人民群众的宣传网的决定》同时对宣传员和报告员的选拔标准、程序及方法进行明确规定。宣传员由具备一定宣传能力的党员、青年团员和人民群众中的劳动模范、积极分子自愿担任，“经过党的支部

① 中共中央宣传部编著：《中国共产党宣传工作简史》（上卷），人民出版社2022年版，第286页。

委员会的审查通过和高一级党组织的批准”，主要任务为通过谈话、读报、收听和传布人民广播、编辑墙报等方式，“经常向自己周围的人民群众用简单通俗的形式进行关于国内外时事，党和人民政府的政策，人民群众的任务特别是当时当地的直接任务，以及人民群众在生产劳动和其他工作中的模范经验的宣传解释，批驳各种反动谣言及在人民群众中流传的错误思想，鼓动人民群众学习模范经验，积极完成任务，并经常将人民群众中的情况向党的组织报告，以便帮助党的组织决定各个时期的适当的宣传内容和宣传方法”。报告员则是“由省、市、地方、县和区的党的委员会的书记和委员，在省、市、地方、县和区的人民政府中担任负责工作的党员，以及其他由上述各级党的委员会所指定的党员担任”。党的各级委员会对其进行指导、监督，主要任务为定期向人民群众作关于时事、政策、工作任务、工作经验的政治报告，并对宣传员进行领导。宣传员和报告员共同构成了宣传网制度的基础，其中宣传员是整个宣传网制度的主体和主力。

为督促各地党组织尽快落实中央精神，中共中央要求各级党委将当年宣传工作重点放在“配合当前紧急任务的群众宣传，建立宣传网”[①]上，并于1951年3月14日下达《关于检查和督促建立宣传网工作的指示》。与此同时，《人民日报》也多次、高频发布社论、通讯等，为宣传网制度鼓与呼。1951年1月3日，《人民日报》发表《密切党和群众联系的一个重要关键》的社论，称建立宣传网“是为了密切党和群众联系的一个极重要的步骤”，号召全党“必须以极大的努力，使宣传工作提高一步。这就是要提高到使它能够成为一种制度，成为全体共产党员的经常性的工作”；1951年3月14日，《人民日报》发表《学习东北经验，坚决执行中央建立宣传网的决定》的社论，并连续5天刊载长篇通讯《东北区建立宣传网的经验》，介绍东北地区建立宣传网工作的具体做法和意义。

在中共中央的全力推动下，宣传网制度建设工作在全国范围内如火如荼地展开。截至1952年年底，全国的宣传员达到379万多人，报告员达到7.5万多人。[②]“党所建立的宣传员、报告员网现在已发展成为一支拥有近四百万人的强大的宣传队伍。正是因为有了这样一支有组织的经常起作用的强有力的宣传队伍，党的群众宣传工作才能逐渐克服了过去

① 中共中央宣传部办公厅、中央档案馆编研部编著：《中国共产党宣传工作文献选编：1949—1956》，学习出版社1996年版，第195页。

② 参见中共中央宣传部编著：《中国共产党宣传工作简史》（上卷），人民出版社2022年版，第286页。

所存在着的缺乏经常性和组织性的缺点，而迅速地加强和发展起来。”①

（三）第三阶段：巩固与调整

随着“一五”计划开始实施，中共中央的中心任务由恢复国民经济转为大规模的有计划的经济建设，宣传工作任务和机制也随之发生转变。加之宣传网工作短时间、大范围迅速发展，势必存在过于追求数量而忽视质量、形式主义严重、各地区发展不平衡等问题。中共中央对宣传网制度进行了调整与巩固。

1953 年，中共中央作出《关于撤销机关和学校的宣传员组织的几项规定》，并要求加强尚未设立宣传员的工矿企业、国营贸易部门、基本建设部门等经济单位的宣传网建设。宣传网工作的重点放在了巩固已有成果，加强农村和工矿企业的宣传上。

1954 年 5 月，中共中央召开第二次宣传工作会议，进一步整顿和改进宣传工作，总结了宣传网建设工作中的主要问题，要求各级党委在建立宣传网的过程中要充分结合实际，重视提高宣传队伍的质量，更加慎重地推广宣传工作经验。

---

① 《进一步加强党的宣传网使它更好地为生产建设服务》，载《人民日报》1953 年 1 月 3 日，第 3 版。

这次会议后，巩固工作制度、提高人员质量和加强内容思想性成为宣传网建设的新方向。

（四）第四阶段：逐步淡出宣传舞台

宣传网制度建立的初衷，旨在弥补新中国成立初期宣传机构不健全、宣传人员力量匮乏造成的宣传工作缺位。但随着专业宣传部门的发展甚至是成倍加强，宣传网制度在组织内部的位置变得日益尴尬。1956 年 3 月，时任中宣部部长的陆定一评价宣传网制度说："在党、团、工会之外另立系统，经常汇报，实际上是占了时间，添了忙乱，反而使宣传员没有可能利用时间去向工人做宣传工作。其实，党委宣传部要了解思想情况，经过党、团、工会、行政等系统就尽够了，用不着直接听宣传员一个个来汇报，至于宣传员，不是团员，就是党员或是工会会员，用不着另外再有一套独立组织。以前工厂里没有党的组织，搞一批宣传员还有些道理可说，现在已经没有这个单独组织必要。"① 在此背景下，宣传渠道单一、宣传内容公式化等宣传网制度的弊病愈加使其显得不合时宜。

1958 年 3 月 31 日，中共中央下发《关于宣传网问题的

---

① 中央宣传部办公厅编著：《党的宣传工作文件选编（1949—1966）》，中共中央党校出版社 1994 年版，第 356 页。

通知》，指出“党的宣传工作必须加强，必须有进行宣传工作的力量。至于群众宣传工作力量的组织形式、活动方法，中央暂不作统一规定”①，意味着各地方可根据自身实际情况决定取消或者保存宣传网制度。至此，由中央直接领导的全国性宣传网工作制度从宣传舞台上淡出。虽然1978年党的十一届三中全会后，在“文化大革命”期间原有宣传工作机制和队伍被毁坏殆尽、全面瘫痪的背景下，宣传网制度曾经一度恢复宣传工作的生机，但在完成历史使命后，其又逐步淡出宣传舞台，成为中国宣传工作历史上的一个名词。

二、宣传网制度创建过程中的苏联影响

新中国初期，宣传网制度的设立与建设深受苏联宣传工作的影响，借鉴了苏联的宣传工作。

列宁一直视政治宣传为加强党与群众密切联系的重要途径。在《社会民主党在民主革命中的两种策略》一文中，他明确指出：“我们党的一切组织和团体每天经常进行的全部工作，即宣传、鼓动和组织工作，都是为了加强和扩大同群

① 中央宣传部办公厅编著：《党的宣传工作文件选编（1949—1966）》，中共中央党校出版社1994年版，第356页。

众的联系。”[①] 俄共在建党初期，就开始选派宣传员深入人民群众当中，包括在工人中间成立小组，使他们与社会民主党人中心小组建立经常联系，“印发工人书刊，组织各工人运动中心地点的通信工作，印发鼓动传单和宣言，训练有经验的鼓动员”[②]。

十月革命胜利后，苏联进一步在全国范围内开展大规模宣传思想工作。除利用报纸、刊物等传媒宣传党的方针、政策外，苏联中央还派出大批特派员，前往各地传达中央指令，这些特派员正是宣传员的雏形。此后，苏联中央把宣传鼓动工作当作“有计划的广泛地向城乡劳动群众阐明苏维埃政权的政治和经济措施以及国内外生活中的一切重大事件”的“非常有力的武器”[③] 和党的工作“首要的任务”[④]，要求“应该善于作出一切牺牲，克服极大的障碍，在一切有无产阶级群众或半无产阶级群众的机关、社团和协会（哪怕这些组织是最反动不过的）里有步骤地、顽强地、坚定地、耐心

① 中共中央马克思恩格斯列宁斯大林著作编译局编：《列宁选集》（第 1 卷），人民出版社 1995 年版，第 528 页。

② 中共中央马克思恩格斯列宁斯大林著作编译局编译：《列宁全集》（第 2 卷），人民出版社 1984 年版，第 430 页。

③ 联共（布）中央直属高级党校编辑：《联共（布）关于宣传鼓动的决议和文件》，人民出版社 1953 年版，第 78 页。

④ 联共（布）中央直属高级党校编辑：《联共（布）关于宣传鼓动的决议和文件》，人民出版社 1953 年版，第 143 页。

地进行宣传和鼓动”①。列宁进一步强调了组织力量对宣传鼓动工作的重要性：“只有有组织的政党才能广泛地进行鼓动，才能在各种经济问题和政治问题上为鼓动员提供必要的指导（和材料），才能通过每一个地方的成功的鼓动来教育俄国全体工人，才能把鼓动员派到他们最能发挥作用的地方和人群中去。”②

在苏联宣传鼓动工作中，宣传员、鼓动员制度构成了其重要基石，列宁对两者的具体工作作了明确的区分。宣传员是对其他人进行马列主义理论教育的人员，主要负责讲解课程、答疑解惑，党员身份是必要条件，选拔与培养十分严格，大多由党委书记、工厂厂长、教授专家等担任；③ 而鼓动员更类似于中国宣传网制度中的“宣传员”，是联系群众并对群众进行直接宣传的人员，选拔来源广泛，主要从党员、团员和群众积极分子中挑选，统一由支部领导。④ 列宁要求，我们应当既以理论家的身份，又以宣传员的身份，既

① 中共中央马克思恩格斯列宁斯大林著作编译局编译：《列宁全集》（第39卷），人民出版社2017年版，第33页。

② 中共中央马克思恩格斯列宁斯大林著作编译局编译：《列宁全集》（第4卷），人民出版社1984年版，第236页。

③ 参见陈希文：《宣传员——游苏杂记之十六》，载《文汇报》1951年3月23日，第6版。

④ 参见陈希文：《说报——游苏杂记之六》，载《文汇报》1951年2月23日，第6版。

以鼓动员的身份，又以组织者的身份“到居民的一切阶级中去”。[①] 他曾感慨，正是有了宣传员和鼓动员，在工厂大会上，在学生集会中，在农民小屋里，党的宣传都在“用最有效的方式影响自己的听众”，使其轻松地领会道理并给自身思想认识带来深刻的影响，这正是“每个宣传员和鼓动员的艺术”。[②] 宣传鼓动工作无论在俄国革命还是社会主义建设中都取得了巨大成效。

斯大林执政后，继承了列宁对宣传工作的重视。群众宣传工作被他视为“巩固党及其领导机关的另一件很要紧很重大的工作”[③]，“如果党的宣传教育工作搞的不好，我们国家和党的整个工作就一定会削弱”[④]。在联共（布）第十七次代表大会上，他就“政治思想工作中的几个严重而迫切的问题”提出了党在政治思想工作方面的六项基本任务，其中两点正是“在党的一切环节中加强思想工作”和“在党的队伍中不倦地宣传列宁主义”。联共（布）第十七次和第十八

① 参见中共中央马克思恩格斯列宁斯大林著作编译局编：《列宁选集》（第 1 卷），人民出版社 1995 年版，第 366 页。

② 参见中共中央马克思恩格斯列宁斯大林著作编译局编译：《列宁全集》（第 17 卷），人民出版社 1959 年版，第 321 页。

③ 中共中央马克思恩格斯列宁斯大林著作编译局编：《斯大林选集》（下卷），人民出版社 1979 年版，第 461 页。

④ 中共中央马克思恩格斯列宁斯大林著作编译局编：《斯大林选集》（下卷），人民出版社 1979 年版，第 461 页。

次代表大会还提出了多项措施加强宣传思想工作；为加强党对宣传工作的领导和指导，联共（布）中央委员会的决议“将联共（布）中央委员会，各民族共和国共产党中央委员会、边区委员会、省委员会的党宣传鼓动部和报刊出版部合并，成立统一的宣传鼓动部”①。这些措施进一步在苏联全国范围内强化了此项工作，加强了党对宣传思想教育工作的集中统一领导。

在斯大林执政期间，通过《关于最近时期的宣传工作》《关于组织党和苏维埃工作人员向农村居民做政治报告的决议》《关于因〈联共（布）党史简明教程〉的出版而进行党的宣传的决定》等一系列文件决议，苏联中央逐步明确了宣传思想工作的内容、形式和方法，逐步构建起了一张从上至下、覆盖全国的庞大宣传思想工作网。

新中国成立初期，为进一步推进各项建设事项，党和国家决定通过引进翻译苏联图书电影等，聘请苏联专家到中国工作或邀请苏方代表团到中国访问，组织各类干部、技术人员、留学生等个人或团体赴苏联等方式，学习苏联的先进经验。② 其中，苏联党和政府文化宣传教育部门负责人及文化

---

① 人民出版社编译：《联共（布）关于报刊书籍的决议》，人民出版社 1954 年版，第 270 ~ 294 页。

② 参见肖钊、罗玉明：《1949—1956 年中国赴苏参观代表团研究》，载《当代中国史研究》2021 年第 2 期。

界人士组成的代表团访华，全面系统地介绍了苏联宣传方面的经验成果，包括苏联党的宣传工作和群众宣传工作。在当时“以俄为师”的氛围下，这大大启示了中共中央。这种从上至下的宣传体系网的建立，需要强大的组织力量为依托。拥有这种强大的组织力量，正是新中国成立初期的中共中央可以学习、借鉴苏联，在短时间内组织起覆盖全国的宣传网络的原因。

三、宣传网制度实践体现的宣传原则、经验和智慧

中国共产党一直以来都明确且重视组织力量对宣传的推动作用。1940 年 10 月，在总结抗战以来的宣传工作时，中共中央就曾指出：“由于党的组织力量的发展，党的宣传工作展开了广大的领域。”① 事实上，这种依托组织力量推动发展宣传工作的方式，正是中国共产党的一大重要政治优势。② 无论是中共中央运用“决定”“规定”等形式将宣传网制度化、常态化，还是各级基层党组织在一线推动宣传网制度落地生根，都是组织力量在宣传工作中发挥作用的具体抓手。除坚持组织推动的宣传原则外，注重在队伍培养和激

① 中共中央宣传部办公厅、中央档案馆编研部编著：《中国共产党宣传工作文献选编：1937—1949》，学习出版社 1996 年版，第 116 页。

② 参见史泽源：《组织驱动宣传：再论新中国成立初期的宣传网建设》，载《中共中央党校（国家行政学院）学报》2021 年第 4 期。

励监督方面下功夫，也是该制度留给我们的宝贵经验智慧。

（一）将党的领导贯穿宣传网制度实践的全过程各方面

党委的重视与否决定了宣传工作的成败。在中共中央的制度设计上，各地宣传网的建设由当地党委领导，居于工作的政治领导核心地位。但在有的地方，党委的轻视导致宣传网制度浮于表面，徒有形式。比如广州铁路分局“党委从未召开会议来研究宣传工作”“从未调查研究，从来作报告都是不符合实际而只照宣传提纲念的，报告后又不收集群众意见，所以不能解决群众的思想问题”。[①] 又如在湖南一些区委，将党的这一决定“一直压在抽屉里，直到过了半年才拿出来”[②]，或是热闹一阵后“很快就没有人管了”[③]。党委对宣传网工作认知上出现偏差，势必导致党员干部对宣传工作的轻视，因此，就有干部把宣传工作与生产工作对立起来，认为不开展宣传工作，工厂机器照样运转，不做宣传工作并无大碍，对宣传工作推诿拒绝。值得注意的是，在辽宁大连，当有一部分干部对宣传网工作产生消极思想后，大连党

① 《宣传工作会议意见汇集》，广州市档案馆藏，档案号 6 – 1956 永 – 47。

② 《李锐关于加强宣传工作的几个问题的报告提纲》（1951 年 8 月 12 日），湖南省档案馆藏，档案号 143 – 1 – 7。

③ 《中共湖南省委对中央建立宣传网决定执行情况的报告》（1951 年 6 月 6 日），湖南省档案馆藏，档案号 143 – 1 – 9。

委十分重视批评这些错误思想，加强了对本地区干部队伍的教育与领导，建立具体指导宣传网运行的工作制度。宣传队伍的工作风貌焕然一新，大连的宣传网建设也得到了迅速巩固和发展。这说明，通过党委加强对宣传员的领导，宣传员的思想能够发生转变，党委的正确认识才是决定宣传网工作走向的关键。中共中央东北局宣传部宣传处长富振声在《东北区建立宣传网的经验》中特别强调："从各地建立宣传网的工作看来，凡是党委重视与进行系统领导的地区，建立宣传网的工作就获得了显著的成绩，反之，成绩就比较一般或不够显著。"

（二）宣传人员的专业化程度决定了宣传工作的成效

如前所述，1951 年的《建立宣传网的决定》对宣传员提出了四点要求，包括应当具有必要的政治觉悟，在生产劳动和其他工作中以身作则，联系群众，并有担任宣传工作的适当能力。但在实际工作的开展过程中，因各地发展情况不一，并非所有的宣传员都能满足这四点要求。特别是在一些农村地区，很多宣传员的文化水平偏低，从而对宣传内容的理解出现偏差。比如在江津县，有的宣传员将婚姻法理解为"离婚法"或"结婚法"。

相对地，好的宣传员则能将宣传效果最大化。比如上海泾东村女村主任张梅英，常利用阴雨天和乘晚凉的机会进行宣传。她把报纸上的时事消息像故事一样讲给大家听，“就跟听鼓儿词一样”。泾东村有位胡四奶奶要把女儿嫁给别人做“填房”，女儿拼死不愿意，张梅英就跑去找胡四奶奶，把婚姻法里关于婚姻自由的道理一遍遍讲给她听，终于让胡四奶奶决定不再干涉女儿的婚姻，她后怕地感慨：“我差一点坑害了自己的女儿！”① 像张梅英这样的优秀宣传员还有很多，他们不仅在用自己的实际行动做好宣传工作，还为其他宣传员树立了榜样。《人民日报》《文汇报》等报刊多次报道推广这些优秀宣传员的事迹，用以传播优秀工作方法、提供借鉴经验。与此同时，各地也通过制订培训计划，加强对宣传员的专业教育，增强其思想水平和业务水平。

（三）合理的激励监督机制为宣传网工作运转提供保障

在宣传网制度实践中，中共中央经常通过模范评比等精神奖励的方式，调动宣传员的工作积极性。模范宣传员的评比每年举行一次，从支部一级开始，逐级评比并向上推荐，表现突出的优秀宣传员最高可评至国家级宣传模范。在模范评比、张榜公示及公开讨论的过程中，模范宣传员成功成为“一个光荣的称号”②，同时成为激励其他宣传员积极进取的

---

① 《女村长》，载《文汇报》1951 年 9 月 26 日，第 7 版。

② 彭漪涟：《争取作宣传员的热潮在高五班》，载《西南青年》1951 年第 12 期。

精神动力。重庆市江津县一名宣传员程某就在听完模范宣传员报告会后感慨："我们原来没有以身作则，耐心说服也不够，这次看到别的区联系群众好，像他们三区、六区有啥事和群众一起干，挑塘也挑得快，又挑得好，他们说的政策群众也相信了，办起事来也很顺畅了，我们要做好党的宣传员，也要向他们学习。"① 监督则主要通过定期检查制度来实现。

1951 年《建立宣传网的决定》规定，党的支部委员会应经常"检查宣传工作的状况和经验"，市委书记和县委书记负有"主持检查上月的宣传工作和讨论下月的宣传工作"的职责。按照《建立宣传网的决定》的要求，上海市委宣传部作出各级党委要"进行日常工作检查"的规定，② 探索出会议检查、群众自下而上检查、报告检查卡片制等多种监督方式。事实证明，"凡是实行了这些制度的地方，报告员的工作都能得到不断的改进，并逐渐趋于经常化"③。

---

① 《县委第一次宣传员会议总结报告（1952 年 3 月 30 日）》，重庆市江津县档案局藏，档案号 0001 - 0001 - 00084。

② 参见《中共上海市委宣传部关于建立宣传网工作的初步意见》，1951 年 2 月 1 日，上海市档案馆藏，档案号 A22 - 1 - 19 - 1。

③ 《各级党委陆续设立报告员　经常向群众作政治报告，加强了党与群众的联系，帮助了党和人民政府完成工作任务》，载《人民日报》1951 年 7 月 13 日，第 1 版。

四、宣传网制度的发展历程对新时代法治新闻舆论工作的启示

从历史上看，在相当长时期内，宣传网制度成为党的群众宣传工作的重要机制，对确保党在新中国成立初期各项任务的顺利实现，发挥了有效的政治宣传动员和组织保证作用。正确看待宣传网制度的发展历程，对于做好新时代法治新闻舆论工作具有重要的启示意义。

一是不断强化党的领导，充分依靠和利用好我们党自身的组织优势。宣传网淡出历史舞台的最主要原因，就是党自身组织的健全，使其得以在各级党委领导下，更加广泛深入地开展宣传思想工作。[①] 现如今，从中央到地方再到基层，我们党自身已经拥有了庞大而健全的组织体系，有 9900 多万党员，以及自上而下的宣传机构，这些都是我们做好宣传思想文化工作的重要保障。新时代新征程上，法治新闻舆论工作肩负着学习宣传贯彻习近平法治思想的职责使命，要坚持党对宣传思想文化工作的绝对领导，严格落实意识形态工作责任制要求，树立“大宣传”的工作理念，依托全面依法治国各个领域建立“大宣传”工作格局，真正把党的声音传

① 参见段春义：《新中国初期的对人民群众宣传网建设——以上海为例》，载《党的文献》2016 年第 5 期。

得更广、更响，推动习近平法治思想飞入寻常百姓家，为法治中国建设营造氛围、凝聚力量。

二是高度重视队伍建设，持续提升新闻舆论工作人员业务能力。在早期党的宣传工作中就曾出现过宣传员不具备相应素质要求，导致宣传内容出现偏差的情况，如前文提到的，江津县宣传员把婚姻法理解为“离婚法”或“结婚法”。因此，在新时代宣传工作中，提高自身业务本领是新闻舆论工作人员履行好自身职责使命的重要路径。2018 年 8 月 21 日，习近平总书记在全国宣传思想工作会议上的讲话中指出：“宣传思想干部要不断掌握新知识、熟悉新领域、开拓新视野，增强本领能力，加强调查研究，不断增强脚力、眼力、脑力、笔力……”① 其中，关于增强脚力、眼力、脑力、笔力的要求，饱含着他对广大宣传思想干部的殷切希望，也为法治新闻舆论工作者提升业务本领指明了方向。党的十八大以来，党中央明确提出全面依法治国，并将其纳入“四个全面”战略布局予以有力推进。面对这一新形势，广大法治新闻舆论工作者只有不惜脚力，坚持以人民为中心的发展思想，密切与人民群众的联系，真正了解群众法治需求，才能创新宣传形式，用群众喜闻乐见的方法宣传全面依法治国；要用习近平文化思想增强眼力，善于观察、善

① 习近平：《论党的宣传思想工作》，中央文献出版社 2020 年版，第 342 页。

于分析，努力培养发现真善美、发现主旋律、发现正能量的能力，传播好中国法治故事；要学会思考、多用脑力，始终保持思想的敏锐性和开放度，不断掌握新知识、探索新领域、开拓新视野，补充好法治新闻舆论工作“兵器库”；要努力做到能说会写有办法，锤炼出过硬笔力，善用鲜活生动的语言表达，创造更多高质量的法治新闻作品，让法治宣传工作引人入胜、深入人心。

三是积极构建行之有效的激励机制，增强工作动力和活力。当量化考核、激励机制缺位时，完全依靠法治新闻舆论工作单位或个体的主观能动性，可能会出现积极性未被调动，随意、应付开展法治新闻舆论工作的情况。一个行之有效的激励机制，不仅能提高法治新闻舆论工作者的成就感、荣誉感，还能彰显法治新闻舆论工作的价值标准，为如何改进和提高法治新闻舆论工作提供改进的方向和指导。“荣誉是一个共同体对个人地位或者成就的肯定和褒奖，获奖者享有他人的承认和赞美，并激发共同体的目标感和行为动力。荣誉是组织管理中卓有成效的激励措施。”① 在法治工作领域不乏通过给予个人以英模、先进典范、优秀工作者等荣誉称号，激励某一领域工作者的经验。如将这一经验推及法治

① 黄月琴、何强：《奖与罚：新闻奖的荣誉域及其荣誉实践》，载《国际新闻界》2017 年第 5 期。

新闻舆论工作领域，对法治新闻舆论工作的杰出成果或表现突出的法治新闻舆论工作单位和个人给予荣誉肯定，建立多层次、多渠道、多形式的激励机制，可以帮助法治新闻舆论工作者的个体发展力与群体创造力得到最大程度的迸发，并以此投入习近平法治思想及法治中国建设的宣传中去。

第三章　创办外宣刊物与党的对外宣传

创办外宣刊物，是新民主主义革命时期中国共产党对外宣传根据地建设和中央方针政策的重要抓手。抗日战争年代，我们党在抗日根据地所创办的《中国通讯》等一系列外宣刊物，对于引起国际社会和爱国侨胞对中国抗日战争的普遍同情和支持，发挥了积极作用，对于做好新时代涉外法治宣传工作也具有较强的参照借鉴意义。

一、《中国通讯》与抗日根据地外宣刊物的创办

中国人民抗日战争是世界反法西斯战争的东方主战场。为向世界人民宣传中国共产党领导的抗战，争取国际社会的支持和援助，中国共产党始终高度重视对外宣传，积极主动向世界讲述中国共产党的故事，讲述党领导下抗日军民的故事。特别是 1937 年年底，随着上海失守、南京沦陷，抗战处在严重困难关头。1937 年 12 月 25 日，中共中央向各界发

表《中国共产党对时局宣言》，明确提出为争取全世界主持正义的人民和国家对中华民族抗战的同情援助，保障继续持久抗战，争取最后胜利，要扩大国际宣传和增加国际援助。[①]1938 年 4 月，中共中央长江局成立国际宣传委员会及国际宣传组，翻译出版中国共产党领导人著作，为国际刊物撰稿，并同外国友人进行联络。1941 年 12 月 3 日，延安新华广播电台开办日语广播节目。广播时间为每周五一次，每次 30 分钟。[②]

其中，外宣刊物是这一时期党对外宣传工作的重要载体。中共中央长江局成立了国际宣传委员会，主动向国外和外籍人士宣介八路军、新四军英勇无畏的斗争事迹及抗日根据地建设情况。[③] 针对国民党顽固派发动的反动性质的舆论攻势，中国共产党通过新华社、《新华日报》等媒体，对外揭露国民党破坏抗日民族统一战线的一系列阴谋。[④] 时任中央书记处书记兼中宣部部长张闻天亲自召开座谈会，邀请在

---

① 参见冯留建、罗晶：《延安时期中国共产党国际宣传的历史经验》，载《武汉科技大学学报（社会科学版）》2022 年第 4 期。

② 参见中共中央宣传部编著：《中国共产党宣传工作简史》（上卷），人民出版社 2022 年版，第 144 ~ 145 页。

③ 参见郑保卫主编：《中国共产党新闻思想史》，福建人民出版社 2004 年版，第 210 页。

④ 参见刘名美：《从战争年代“红色外宣”中吸取智慧——新民主主义革命时期党的国际传播活动和舆论斗争研究》，载《中国领导科学》2022 年第 5 期。

延安的一些外籍同志和懂外文的同志举行座谈会，研究对外宣传问题，决定创办一个外文刊物，稿件由大家分别撰写，具体负责这一工作的是当时在中宣部工作的吴文焘。

1941 年 3 月，《中国通讯》第 1 期在延安出版，分别用英、法、俄 3 种文字撰写，这是中国共产党在抗日根据地出版的第一个外文宣传刊物。这个刊物为小 32 开，用蜡纸刻印，每期用毛边纸约印 200 份。每期不仅刊载中共领导人的文章或讲话，还有萧三和外国友人马海德、巴思华撰写的稿子。每期刊物由当时中宣部文书科的人员，用英、法、俄 3 种文字刻印发行。刊物主要是宣传八路军、新四军抗日事迹，介绍边区抗日情况和边区人民的抗日情绪，揭露日军的残暴等，宣传对象则主要是外国读者和外国机构，因而刊物在延安印好后，由专用的交通渠道带到重庆，再由八路军驻渝办事处散发给外国记者，由他们转发到国外，① 如此辗转传递。

为了对外如实报道皖南事变真相，揭露国民党顽固派破坏国共合作的阴谋，突破国民党的新闻封锁，《中国通讯》第 1 期就针对国民党顽固派发动的皖南事变，组织在延安的相关人员，刊载了 5 篇文章。社论由马海德用英文书写，报

---

① 参见《中国通讯》，载陕西省延安精神研究会网，https://www.yajsyjh.com/zhiku/1319.html，2023 年 2 月 22 日访问。

道是吴文焘用英文书写的，其余3篇分别由黄正光（法文）、巴苏华（英文）、萧三（俄文）执笔。[①] 报道以客观的事实、亲历与见闻，以及切身的感受进行描述，成为对外如实报道事变真相的专辑刊物。在日本发动全面侵华战争后，《中国通讯》还刊载过一些外国友人写的感谢文章，上述人员在八路军的护送下被安全转移到延安，他们写的文章也被刊载在《中国通讯》上。

1941年4月，在中宣部工作的陈庶加入《中国通讯》编辑部，他主要负责将各根据地的通讯、特写材料改写成英文，业余时间也会撰写陕甘宁边区和延安的报道。他还报道过模范监狱的情况，亲自去采访过陕甘宁边区模范监狱的监狱长雷经天。[②] 在延安，会英文的人相对较多，所以刊物里用英文撰写的文章占多数。

1941年7月，《中国通讯》改由新华社接办。原来参与《中国通讯》编辑业务的陈庶在当年8月随同《中国通讯》刊物一起，调到新华社。同时期的吴文焘调到了《解放日报》社。在主持新华社工作期间，吴文焘始终勤勤恳恳，一丝不苟。根据当时在新华社担任编辑的王维真回忆：

① 参见王纪刚：《延安时期中国共产党对外宣传工作的历史经验》，载《中国延安干部学院学报》2019年第4期。

② 参见万京华：《新华社与抗战对外宣传》，载《中国出版》2015年第15期。

吴文焘的专长是国际问题和对外宣传。到新华社之前，他曾经主编过对外宣传的英文刊物《中国通讯》，后又翻译了西方著名军事评论家马克·卫纳写的评论第二次世界大战的一系列文章，在《解放日报》上发表，社会各界反响很好。[①]

《中国通讯》在由新华社主办期间，把油印改为打字机打出，份数适当减少，并且只刊载英文文章。每月开会组织稿件，均由新华社社长博古主持，这也因此成为新华社的主要业务之一。曾任《中国通讯》主编的吴文焘回忆："我听爱泼斯坦同志说，他在重庆时收到过一整套《中国通讯》，除引用它向国外宣传外，一直把它当作文物加以保存。"宋庆龄在香港主持的"保卫中国同盟"在重庆设有办事处，他们也会从《中国通讯》中精选一些文章刊载在自己的刊物上。[②]

1941 年 12 月，太平洋战争爆发，香港沦陷。由于国民党反动派发动了第二次反共高潮，对陕甘宁边区进行严密的军事和经济封锁，《中国通讯》的发行日益艰难，加上物资紧张，尤其是纸张油墨的极度匮乏，刊物被迫停刊，前后共

---

① 参见《延安时期首个外文刊物，了解一下!》，载百度网 2019 年 6 月 20 日，https://baijiahao.baidu.com/s?id=1636854896806390206&wfr=spider&for=pc。

② 参见《延安时期首个外文刊物，了解一下!》，载百度网 2019 年 6 月 20 日，https://baijiahao.baidu.com/s?id=1636854896806390206&wfr=spider&for=pc。

出版了10期内容。《中国通讯》是中国共产党在革命根据地出版的第一个外文撰写的宣传刊物，虽然只存在了约1年时间，但它为我党开展对外宣传工作积累了经验，培养了人才，更为重要的是为中国共产党在对外宣传方面开辟了一个全新的领域和渠道，具有重要的意义。①

二、办好党的外宣刊物的基本原则

抗日战争时期，如何以党领导创办的外宣刊物为载体和宣传阵地，从国民党和日伪的敌对宣传中突围出来，向外界展示中国共产党及其领导下的政权和军队形象，是至关重要的。从党刊的成功创办来看，主要包括以下原则。

（一）积极服务国际抗战形势任务

日本军国主义发动的全面侵华战争，使中国人民流离失所，中华民族亡国灭种危在旦夕。要想赢得抗战的最后胜利，必须联合一切可以联合的力量，对外联络世界反法西斯同盟，对内建立抗日民族统一战线。毛泽东同志对此曾作出许多重要论述，归纳出三个原则：以自力更生为主，同时不放松争取外援；争取外援是取得中国抗战胜利的一

① 参见万京华：《新华社新闻对外传播早期历史探究》，载《中国记者》2012年第2期。

个必要条件；中国抗战可以争取到有力的外援。[1] 随着国际局势的演变，中国共产党进一步将中国的反侵略战争与世界反法西斯运动结合起来。为了更好地向全世界宣介中国共产党领导的抗战，获得国际社会的支持和援助，中国共产党成立国际宣传委员会、国际宣传组、对外宣传小组等专门从事对外宣传工作的机构，[2] 陆续创办《中国通讯》、《晋察冀》杂志、《新华周刊》等外宣刊物。为争取国际舆论支持、扩大国际反法西斯统一战线作出了重要贡献。《中国通讯》等优秀外宣刊物在这一过程中发挥了不可替代的重要作用。

（二）努力维护国内抗日民族统一战线

在中日民族矛盾已逐步上升为主要矛盾的形势下，中国共产党呼吁停止内战，一致对外，积极倡导、促成并始终维护和巩固以国共两党合作为基础的抗日民族统一战线。1937年2月，国民党五届三中全会提出“停止赤化宣传”等“根

① 参见双传学：《“胸怀天下”：全面抗战时期〈新华日报〉的对外宣传》，载《传媒观察》2022年第1期。

② 参见李青林、徐龙超：《延安时期中共对外传播机制与策略研究》，载《青年记者》2017年第31期。

绝赤祸”措施，加强新闻管制。[①] 1939 年 1 月，国民党五届五中全会确定其政策重点逐步从对外转向对内，走向“消极抗日、积极反共”。接着突然发布《限制异党活动办法》《共产党问题处置办法》，禁止共产党单独设立机关报与杂志，充分暴露了其“一个政党”“一个主义”的独裁统制思想。面对国民党严密的新闻封锁，中国共产党坚持以大局为重，以斗争求团结，既需要营造国内舆论对其进行约束，也需要借助国际舆论对其形成制约，将抗战实情告知世界，彻底粉碎国民党文化统制。国外记者在相关著述中客观记录了中国共产党军队的抗战形象、社会面貌和中国共产党领导人的优秀品质，打破了外界对中国共产党的偏见。[②] 中国共产党在向国际社会讲述在敌后战场所取得的成就的同时，还原原本本地宣传了国民党军队在抗日战争中正面战场的功绩，以及各民主党派及其他抗日力量对中国抗战所作出的贡献。中国共产党在法国创办的《救国时报》曾刊登了傅作义、张治中、孙科等国民党将领在抗日战争中所作出的贡献。[③] 中

① 参见年士萍：《论抗战时期中国共产党对外宣传工作的国际传播力和影响力》，载《上海党史与党建》2013 年第 1 期。

② 参见马超、李魁铭：《抗战时期中国共产党对外宣传工作的历史经验》，载《和田师范专科学校学报》2022 年第 5 期。

③ 参见马超、李魁铭：《抗战时期中国共产党对外宣传工作的历史经验》，载《和田师范专科学校学报》2022 年第 5 期。

国共产党通过外宣刊物既有效进行了自我宣传，彻底打破了国民党新闻封锁和政治诬蔑，赢得了国际社会的理解和认可，又通过有理有利有节的宣传战，做到了对国民党的既团结又斗争，客观上进一步巩固了抗日民族统一战线，鼓舞了士气，壮大了力量。爱泼斯坦在文章中指出："我看到一个完全不同的中国，它与蒋介石的国民党中国迥然相异。这个中国充满希望，没有饥饿，没有失败主义情绪。延安使人感到未来的中国已经在今天出现。"① 可见，把握对外宣传的时度效，以斗争求团结，收到了很好的国际传播效果。

（三）善于通过"借口说话"与世界有效沟通

外国记者不仅是中国共产党将革命精神对外传播的首要对象，也是宣传中国共产党国际形象的重要媒介。有了创办外宣刊物的成功经验后，中国共产党更加积极主动地向世界讲述中国共产党的故事，讲述中国共产党领导下的抗日军民的故事，宣传以毛泽东同志为核心的中国共产党领导层，②采取"借口说话"的策略，主动联络中外记者和盟国人士到

① 王海军：《"向世界讲好中国共产党的故事"——延安时期中共构建对外话语体系的多重叙事》，载《马克思主义研究》2022 年第 2 期。

② 参见董小玉、刘成文：《外宣媒体的党性坚守》，载董兵主编：《经验与历程：建党 90 周年"中国共产党新闻思想研讨会"论文集》，复旦大学出版社 2013 年版。

抗日根据地进行实地采访和考察。[①] 抗战期间，先后有十余个国家的近百名友好外籍人士，艰难突破国民党封锁，奔赴陕甘宁边区和各抗日根据地进行实地走访。为了使中国共产党的主张和言论更好地“走出去”，毛泽东同志等领导人对中外记者到延安极度重视，亲自做对外宣传的有关工作，积极宣传根据地的真实情况。他说，多接待一次外宾，就多一次机会宣传我党政策，争取更多的人理解、同情和支持我们的机会。[②] 1936 年 7 月 13 日，毛泽东同志看望“到达保安的美国记者埃德加・斯诺和美国医生乔治・海德姆，对他们来苏区访问表示欢迎”[③]。中共中央认为这是一次借助国际友人对外宣传的机会，包括毛泽东同志等中国共产党的主要领导人和红军高级将领都接受了斯诺的采访。具体内容包括红军长征、苏区建设、中国共产党的基本政策、中国共产党领导的红军战士生活、毛泽东同志的个人生平等，为《西行漫记》的撰写提供了关于中国共产党和红军的一手资料。1937 年 10 月，《西行漫记》在伦敦出版并多次再版，在国

---

① 参见郑保卫主编：《中国共产党新闻思想史》，福建人民出版社 2004 年版，第 214 页。

② 参见林之达主编：《中国共产党宣传史》，四川人民出版社 1990 年版，第 202 页。

③ 中共中央文献研究室编：《毛泽东年谱（一八九三——九四九）（修订本）》（上卷），中央文献出版社 2013 年版，第 557 页。

际社会引起极大震动。[①] 时任美国总统罗斯福因为这本书和斯诺就中国问题的多次谈话丰富了其对中国共产党的认识，并在不同程度上影响了美国的对华政策。[②] 当时《密勒氏评论报》（美国报人在中国创办的一份时政类英文报刊）、英国《每日先驱报》、美国《星期六晚报》等多家报刊，先后发表了斯诺的30余篇通讯报道，在海内外引起强烈反响。

1944年6月9日，中外记者西北参观团一行21人到达延安。毛泽东同志亲自参与会见并接受采访，朱德、周恩来、彭德怀、贺龙、叶剑英等党政军领导人也接受了采访。1944年7月1日，英国伦敦《泰晤士报》刊载毛泽东同志对中外记者团的谈话。1944年8月，美国旧金山电台两次广播美国记者从延安发出的通讯。离开延安后，美联社的斯坦因、美国《时代》杂志的爱泼斯坦、合众社的福尔曼等人，分别完成《红色中国的挑战》、《中国未完成的革命》和《北行漫记》（又译为《红色中国报道》）等著作，向全世界人民介绍了中国共产党及其领导的军队的抗战情况，把延安

① 参见冯留建、罗晶：《延安时期中国共产党国际宣传的历史经验》，载《武汉科技大学学报（社会科学版）》2022年第4期。

② 参见丁晓平：《二战期间罗斯福三次和斯诺密谈中国问题》，载《党史博览》2013年第2期。

和敌后根据地的新面貌如实地传递给世界。① 这有效激发了国际社会对中国共产党的认同和支持，加深了中国共产党与世界各民族反法西斯战争联盟的友谊，扩大了中国革命的世界影响。

此外，中国共产党还善于抓住出席国际会议的机会，建立对外宣传的有效渠道。1945 年 4 月 25 日至 6 月 26 日，董必武在美国旧金山参加联合国制宪会议，作为中国代表团的中国共产党的代表，他在参会期间通过出席记者招待会、公开演讲、参加座谈会、用英文发表《中国解放区实录》等方式，向全世界介绍了中国共产党领导下的抗日根据地在政治、军事、经济、文化等方面所取得的伟大成就，以及中国共产党和八路军、新四军在整个抗日战争中的巨大作用和影响。1945 年 6 月 26 日，董必武以中国代表之一的身份，在《联合国宪章》上签字。中国成为联合国的创始会员国之一和安理会五个常任理事国之一，逐步登上国际舞台中央。②

这一时期，中国共产党实事求是的宣传作风、自信坦诚的宣传态度以及求真务实的宣传原则，赢得了国际社会的广泛认可。这种求真务实的工作作风，赢得了外国记者和外国

① 参见中共中央宣传部编著：《中国共产党宣传工作简史》（上卷），人民出版社 2022 年版，第 148 ~ 149 页。

② 参见中共中央宣传部编著：《中国共产党宣传工作简史》（上卷），人民出版社 2022 年版，第 147 页。

人士普遍的尊重和赞赏，在国际社会上塑造了良好的政党形象，有力促进了中国抗战故事的广泛传播。正因为有了外宣刊物的鼓与呼，中国共产党的声音被世界听到，不仅让外国民众能够清晰了解抗日根据地的真实情况以及中国共产党的政策、方针和主张，使广大外国友好人士和记者愿意“走进来”倾听和了解真实的中国共产党，而且对于进一步巩固国际反法西斯统一战线，团结世界人民齐心协力打击法西斯侵略发挥了重要作用。

（四）综合运用外宣刊物和其他对外传播方式

抗战时期，除了积极创办外宣刊物，中国共产党还采取了丰富多样的方式进行对外宣传。建立外文广播电台就是一个实例。为更好地向世界传递中国共产党声音，1944 年 8 月，新华社英文广播部在延安成立并试播，负责播发《解放日报》和新华社英文文字电讯，这是新华社历史上正式对外报道的开端。[①] 毛泽东同志在党的七大上作的《论联合政府》的报告，就是由新华社英文广播部最早翻译后播发的。1944 年 9 月，新华社英文广播部首次使用英语将信息从延安传播到美国、英国、印度等国家，传递中国共产党抗日民族

① 参见双传学：《“胸怀天下”：全面抗战时期〈新华日报〉的对外宣传》，载《传媒观察》2022 年第 1 期。

统一战线政策与中国共产党军队勇敢作战情况。[①] 红色电波越过重重阻碍把党的声音传播到世界各地，向国际社会宣传中国共产党抗日政策，报道中国共产党领导人民顽强抗敌事迹。它突破了时空限制，在中国与国际社会之间架起一道桥梁，使中国共产党对外话语传播变得多维度和多元化。

除了建立外文广播电台，我们党还特别善于利用秧歌剧等民间艺术形式，向前来抗日革命根据地的国际友人宣传中国共产党的政策与主张，让他们亲身感受到中国共产党在抗战中所作出的努力与贡献。1943 年 2 月创作出的反映抗日根据地群众真实生活的首部秧歌剧《兄妹开荒》，让国际友人看到了根据地人们对新的社会生活的美好期望与向往，使国际社会及国内广大老百姓更容易理解和接受中国共产党的思想和主张，[②] 达到了日常宣传方式难以达到的效果。

还有无数珍贵的照片和影像资料也展示着党的正面形象。当年毛泽东同志将反映延安军民火热战斗生活的照片交给斯诺，建议斯诺将之公之于世。《先锋报》《救国时报》多次刊发中国共产党领导人照片。1936 年 11 月，斯诺在《密勒氏评论报》上发表采访革命根据地的报道《与共产党

① 参见单连春、单俊宇：《中国共产党对外宣传工作的嬗变及展望》，载《新乡学院学报》2022 年第 7 期。

② 参见王红梅：《抗日战争时期中共宣传教育工作的整体布局及现代启示》，载《广西社会科学》2017 年第 1 期。

领袖毛泽东的会见》。1937 年年初，美国《生活》画报以“首批游动无定的中共党人的照片”“占据中国西北的中共军队”为题，分两期连载斯诺于保安拍摄的有关中国共产党军民生活的 75 幅照片及其文字简介。1938 年 8 月，国际新闻社香港分社出版摄影画册《大地》，刊有中国共产党领导人领导根据地建设的照片。1938 年 12 月，合众社记者杰克·贝尔登拍摄大量新四军战斗生活的照片，通过其长篇报告《新四军》将根据地的战斗生活生动展示在世人眼前。1942 年 7 月，晋察冀军区主办《晋察冀画报》，发表了许多配有详细英文说明的照片，通过各种渠道在世界各地发行。① 中国共产党通过各种路径构建与传播革命话语，快速拉近了中国共产党与国际社会之间的关系，进而为中国抗日战争的胜利以及抗日根据地的发展壮大创造了有利的国际条件，使党的抗日政策得到国际社会一定程度的认可，国际影响不断扩大。

三、抗战时期其他有代表性的党的外宣刊物

《新华日报》是抗战时期中国共产党新闻宣传走向世界的“桥头堡”，它与我们最早的外事机构同步诞生、有机交

① 参见冯留建、罗晶：《延安时期中国共产党国际宣传的历史经验》，载《武汉科技大学学报（社会科学版）》2022 年第 4 期。

融，深度参与和见证了中国共产党早期的对外宣传，为国际反法西斯统一战线的形成、巩固和中国共产党走向国际政治舞台作出了重要贡献。因此，其也被广大民众视为“黑暗中的一盏明灯”。[①]《新华日报》创刊后，其丰富多彩的内容为国际社会观察中国和中国共产党提供了一个独特窗口。1938年1月，《新华日报》创刊于武汉，诞生在抗战硝烟之中，在发刊词中开宗明义地提出，“本报愿在争取民族生存独立的伟大的斗争中作一个鼓励前进的号角”。[②] 这个号角，既是为中国的抗日战争吹响，又是为世界反法西斯战争吹响。《新华日报》的国际宣传方式主要来自两个方面：

一方面，向国内报道丰富的国际资讯，包括外国文艺作品、各国新闻、“公开信”等，旨在向国内宣介世界反法西斯局势的同时，积极宣传中国共产党的正确主张。《新华日报》大力宣传、持续贯彻中国共产党团结抗战、全面抗战、持久抗战的正确主张，成为“坚持抗战、坚持团结、坚持进步的一面旗帜，为全国抗战军民明确了方向、鼓舞了士气，也让国际社会看到了中国共产党的智慧、决心和坚韧意志，

① 参见董小玉、刘成文：《外宣媒体的党性坚守》，载童兵主编：《经验与历程：建党90周年“中国共产党新闻思想研讨会”论文集》，复旦大学出版社2013年版。

② 双传学：《“胸怀天下”：全面抗战时期〈新华日报〉的对外宣传》，载《传媒观察》2022年第1期。

看到了一个负责任的大党形象”[1]，并始终高举抗日民族统一战线的旗帜。

另一方面，为巩固和扩大统一战线加强国际宣传。1938年4月，中共中央长江局专门设立了国际宣传组，为我党与各国驻华新闻部门建立了沟通桥梁。抗战期间，大批国际友人来到中国，成为中国共产党团结抗战的友军和联系外部世界的桥梁。[2]《新华日报》创刊后，以“伟大的同情”为总标题制作专题，这个专题集中刊载了国际友人、记者宣介中国共产党抗日的信函。《新华日报》始终高度关注和热情宣传国际友人在中国的工作与活动。对于来访的外国政要，例如印度国大党领袖尼赫鲁、美国总统特使居里等，积极发表欢迎文章；密切联络外国记者，主动刊发《史沫特莱访问记》《访斯特朗》等文章，对“中外记者西北参观团”和“美军观察组”延安之行进行全程跟踪报道；高度关注国际友人动向，在白求恩医生牺牲后刊发纪念文章和中共中央的哀悼电文，高度赞扬援华医疗队。这些以人物为主角的激情澎湃的报道，成为国际反法西斯统一战线的生动注脚。

除大力在国内创办面向世界的外宣刊物外，我们党高度

① 双传学：《“胸怀天下”：全面抗战时期〈新华日报〉的对外宣传》，载《传媒观察》2022年第1期。

② 参见王纪刚：《延安时期中国共产党对外宣传工作的历史经验》，载《中国延安干部学院学报》2019年第4期。

重视外宣阵地的建设，直接在海外开设外宣平台，主动发声占领舆论高地。在国外创立的较有影响力的杂志是《先锋报》《救国时报》，这两份刊物被誉为“西半球华侨爱国反帝的两面鲜明的舆论旗帜”①，对外产生了重大影响。

抗战之初，中国共产党就把对外宣传作为重要的工作领域。为宣传中国共产党领导的革命，消除国民党创办反革命报纸的不良影响，早在1930年4月，中国共产党党员就在纽约创办了周报《先锋报》。该报为华侨反帝大同盟机关报，初为油印半月刊，后改为铅印周刊，在美国工人日报社印刷，每期8开8页。抗战期间，该报主要宣传中国共产党和各党派的抗日主张，揭露日本军国主义在中国的反人类罪行，号召广大侨胞和各国民众支援中国抗战。《先锋报》以在美国卖苦力的华侨为主要读者对象，在第118期报头处，它曾公开申明，《先锋报》“是美洲华侨劳苦群众唯一喉舌，只有先锋彻底抗日，拥护中国民族革命战争”。② 《先锋报》经常刊载中国工农红军和国内革命斗争的消息，向华侨读者介绍毛泽东、朱德入赣后，江西各地声势浩大的工农暴动以及国民党驻防部队穷于应付的情形；其还刊载有关华侨参与

① 于安龙：《〈先锋报〉与中国共产党早期的海外宣传》，载《青年记者》2016年第22期。

② 翟惠生、张研农：《美洲华侨劳苦群众的喉舌——〈先锋报〉》，载《新闻与写作》2008年第2期。

美洲各国革命运动等涉及突发事件的新闻传播稿件。随着国内革命形势的发展，1936 年 7 月，《先锋报》及时刊发《中国共产党中央北方局为抗日救国宣言》，阐明中国共产党为实现自己抗日救国的目的，直接对日作战，与全国爱国人民联合一致保障中国领土之完整。①

1934 年上半年，《先锋报》因经费困难，由周报改为半月刊。1938 年 8 月，《救国时报》工作人员饶漱石、陆璀等人携该报社部分设备从巴黎迁到纽约，将《先锋报》与接下来要介绍的《救国时报》合并，以《救国时报》名称继续出版，由饶漱石负责，② 使《先锋报》的精神最大限度地传承下来。

《救国时报》最初叫《救国报》，创刊于 1935 年 12 月 9 日，对开 4 版周刊，是中共中央驻共产国际代表团以巴黎反帝大同盟机关报的名义主办发行的机关报。1938 年 2 月 10 日停刊，历时两年多，共出版 152 期。③ 该报以“不分党派，不问信仰，团结全民，抗日救国”为宗旨，在宣传建立抗日民族统一战线和加强世界反法西斯阵线方面功不可没，被 20

① 参见王海军：《“向世界讲好中国共产党的故事”——延安时期中共构建对外话语体系的多重叙事》，载《马克思主义研究》2022 年第 2 期。

② 参见于安龙：《〈先锋报〉与中国共产党早期的海外宣传》，载《青年记者》2016 年第 22 期。

③ 参见吴玉章：《关于〈救国时报〉的回忆》，载《社会科学战线》1978 年第 4 期。

世纪30年代的海内外读者誉为“海外权舆”“抗日先锋”“革命民众的喉舌”。[①] 发行初期为每期5000份，后一跃增至2万份，行销43个国家和地区。在国内，北平、上海、天津、西安、武汉等城市，四川、新疆等地区也有销售。该报负责人为中国共产党驻共产国际代表王明和廖焕星、李立三、吴玉章等人。

1935年，《救国报》首次刊登了《为抗日救国告全体同胞书》（《八一宣言》），这份宣言是由斯大林和共产国际领导人同意后以中华苏维埃共和国中央政府、中共中央名义联合发布的。当这期《救国报》发回国内时，正值“一二·九”运动爆发前夕。北平的爱国青年看到这份极具指导性和感染力的宣言之后，深受鼓舞和启迪。1935年11月中旬，《救国报》第16期即将出版时，突遭法国当局勒令停刊，吴玉章等人在法国共产党组织的帮助下，经过多方斡旋，给报头加上一个“时”字，改为《救国时报》后重新登记出版。1938年2月10日出至第152期停刊。1938年8月，在美国纽约复刊，1939年10月13日停刊，又出版362期。[②]

在所有海内外的中文报刊中，中国共产党最早是通过

---

① 参见丁蒙宁、杨海军：《抗战时期巴黎〈救国时报〉广告传播特色研究》，载《现代广告》2022年第14期。

② 参见潘琦：《抗战时期在香港及海外的中共报刊》，载《党史博览》2019年第1期。

《救国时报》公开发出第二次国共合作的主张呼吁的。[①] 该报于1936年1月4日，在《民族出路问题论坛》栏目里，刊登了《第二次国共合作有可能吗?》一文，首次提出："据观察，第二次国共合作，在共产党方面是完全可能的""在国民党方面不管蒋介石企图如何也是完全可能的"。围绕这一中心议题，《救国时报》坚持不懈地开展宣传，先后发表了《时局的中心问题：国共合作》《再论国共合作》《论国共再次合作》等社论，[②] 从各种角度加以分析论证。

《救国时报》还积极传播红军信息，系统报道长征。为使社会各界和海外侨胞尽快真实了解中国共产党、中国工农红军和苏区的真实情况，《救国时报》通过参观记、访问录以及大量的新闻图片，介绍了红军和苏区的情况。《救国时报》后将杨定华的两篇长篇通讯与廉臣撰写的《随军西行见闻录》合并，编成《长征记》一书出版，从而较完整系统地反映了长征的全过程，[③] 是不可多得的珍贵资料。

---

① 参见周亚茹：《抗战初期中国共产党对外宣传策略研究——以〈救国时报〉为中心》，载《江西社会科学》2019年第4期。

② 参见潘琦：《抗战时期在香港及海外的中共报刊》，载《党史博览》2019年第1期。

③ 参见蓝鸿文：《巴黎〈救国时报〉与红军长征》，载《国际新闻界》2004年第5期。

四、抗战时期创办党的外宣刊物对涉外法治宣传工作的启示

抗战时期，面对国民党的封锁、诋毁、污蔑，中国共产党始终秉承坚持服务国际抗战形势、维护建立国内爱国统一战线、借用外媒力量构建与世界相互沟通的有效渠道的基本原则开展了一系列对外宣传和国际交往活动，在外宣刊物的编辑发行方面积累了丰富而宝贵的经验。这使得中国共产党摆脱了舆论困境，赢得了各界人士支持。其中一些宝贵经验放在今天，仍然有着重要的借鉴意义。

（一）坚持中国共产党对外宣刊物创办工作的全面领导

对外宣传工作是党和国家的一项极为重要的工作，承担着重要的历史使命，创办外宣刊物是开展对外宣传工作的重要抓手。抗战时期党的外宣刊物牢牢坚持中国共产党的全面领导，坚持贯彻党中央关于对外宣传工作的政策方针，刊物内容围绕抗日大局而展开，将中国共产党的抗日政策主张、抗日革命根据地建设及成就传播到国际社会，增强中国共产党在国际社会上的影响，进一步巩固了抗日国际统一战线和世界反法西斯联盟。新时代涉外法治宣传工作也应该牢牢坚持党性原则，坚持中国共产党对涉外法治宣传工作的领导，科学把握涉外法治宣传工作规律、新闻传播规律和互联网发

展规律，全面提升宣传质效。

（二）建立有效的外宣刊物编辑发行工作体系

抗战时期的对外宣传工作注重阵地建设，如前所述，不仅在国内创立外宣刊物让中国共产党的声音“走出去”，而且为了批驳国民党的污蔑和丑化，中国共产党还在境外创立革命刊物，主动加强国外的舆论宣传。面对国民党的新闻封锁，境内的外宣刊物通过内部途径转达重庆，再经国外记者传递到国外。在当时的信息输出中，有计划、有效果的整套外宣刊物编辑发行流程不失为一种公关宣传，在向国外介绍我军英勇抗战事迹、革命根据地的建设情况以及开拓中共宣传事业方面有着重要意义。[①] 中国共产党通过境内外的外宣刊物开展工作，充分发挥了国际友人的桥梁作用，借助他们的身份进行舆论引导，增强了对外传播的影响力，使全世界了解真实的中国共产党，树立了良好的国际形象。新时代涉外法治宣传工作也应该加强平台搭建和阵地建设，不仅要把中国法治故事讲出去，也要把国际新闻传回来，探索内外兼顾的法治外宣模式，打造海外法治宣传阵地，[②] “借船出海”

① 参见郑保卫主编：《中国共产党新闻思想史》，福建人民出版社 2004 年版，第 216 页。

② 参见中共中央宣传部干部局组织编写：《新时代宣传思想工作》，学习出版社 2020 年版，第 228 页。

“借台唱戏”。

（三）牢牢把握“内容为王”的重要原则

在抗战时期，国际社会最关注的内容主要是中国共产党对国际问题的态度主张、国际社会对中国抗战的支援及其反响、中国抗战的总体局势和进展。中国共产党创立的外宣刊物在报道内容的选择上紧紧围绕国际社会关注的内容，坚持实事求是的宣传原则，采取了生动活泼的宣传风格，通俗易懂的宣传语言、喜闻乐见的宣传形式、丰富多样的宣传载体，充分利用文件、公开报道等资料向外界讲述边区政治纲领、经济状况、文化教育等，将宣传的内容清楚地表达出来，做到大众化与通俗化，不断拓展舆论交往空间，使外界对边区的了解更加客观和全面，有力驳斥了国民党各种不实报道，有效地将中国共产党最真实的一面展现给国际友人及海外华侨，寻求他们的支持。涉外法治宣传工作也是如此，要注重提升工作质效，努力寻找适合外宣的内容，将这些内容打造成适应当地文化传统、贴近当地受众习惯的作品，用好本土化人才，做好本土化包装，将中国法治故事更好地传播出去。

（四）不断丰富创新多种多样的外宣载体

中共中央到达陕北后，认识到扩大国际影响的极端重要性，将外宣工作正式提到日程上来。邓小平同志提出："大大地加强对外宣传工作。要通过文艺作品、报告文学、新闻通讯、摄影、绘画等，把我们真实的战斗生活反映到国际上去，流传到华侨中去，传播到大后方去。"① 周恩来多次强调对外宣传工作要采取"宣传出去"和"争取过来"的方针。除了创办外宣刊物，中国共产党还积极采取了多种多样的宣传方式，利用出版外文书籍、开办外文广播、创作外文歌曲、发表外文演讲等形式进行对外宣传。涉外法治宣传工作也是如此，要加强外宣阵地建设，面向海外推进、建立、运营多语种网站和客户端，充分利用第五代移动通信技术（5th Generation Mobile Communication Technology，5G）、云计算和人工智能技术，扩大对外传播影响力，推动涉外法治宣传工作提质增效。

回首往昔，抗战时期是中国共产党艰难的时期，但也造就了伟大的延安精神。今天，我们党的对外传播视野不断扩大，涉外法治宣传工作要加强国际传播能力，用中国法治理论阐释中国法治实践，更加充分、鲜明地展现法治中国及其背后的思想力量、精神力量，在新时代中国特色社会主义的伟大实践中，在中华民族实现"两个一百年"奋斗目标的逐梦征程中，启迪和激励更多人，散发出新的时代光芒。

---

① 《邓小平文选》（第1卷），人民出版社1994年版，第26页。

中 篇

以媒体深度融合发展为视角

第四章　媒体融合发展的概念特征

随着互联网信息技术蓬勃发展，舆论生态、媒体格局、传播方式发生深刻变化，在提升传播时效、丰富信息体验的同时，进一步推动传媒业态和传播格局发生深刻变革，也给传统媒体和新闻舆论工作带来巨大挑战。党的十八大以来，媒体深度融合发展上升到国家战略的高度。[①] 推动媒体深度融合发展，是应对全媒体时代机遇挑战，实现新闻舆论工作新旧动能转换的迫切需要。到 2020 年年底，以县级融媒体中心建设基本实现在全国全覆盖为标志，[②] 媒体融合打通了“最后一公里”，全媒体传播体系的健全完善站到了新起点上。法治领域是媒体深度融合发展的重要战场，统筹发挥传

---

① 参见新华通讯社课题组：《学习习近平关于新闻舆论的重要论述》，新华出版社 2022 年版，第 136 页。

② 参见中共中央宣传部干部局组织编写：《新时代宣传思想工作》，学习出版社 2020 年版，第 62 页。

统媒体与新媒体优势，有助于将社会主流思想、言论引导至法治化健康轨道，为全面依法治国事业发展营造良好舆论环境。接下来首先讨论媒体融合发展的概念特征。

一、媒体融合发展的概念

媒体融合（media convergence）的概念最早产生于科学领域，20 世纪 70 年代才被引进传播学领域。1978 年，美国麻省理工学院的尼古拉·尼葛洛庞帝用一个图例演示了三个相互交叉的圆环趋于重叠的聚合过程，这三个圆环分别代表计算机工业、出版印刷业和广播电影工业。他提出的不同工业正在走向融合的远见得到了商界领袖的青睐，从而获得数百万美元赞助，并于 1985 年创办了后来声誉卓著的媒体实验室。[①] 这被视为传播学领域媒体融合概念的萌芽。首次明确提出这一概念的，是美国的传播学者伊契尔·索勒·普尔。他认为，电子信息技术将使传统媒体相互隔离的传播模式彻底改变，从而向新的融合模式演进，带来“传播形态融合”（the Convergence of Modes）[②]，指出“媒体融合，就是

① 参见蔡雯、王学文：《角度·视野·轨迹——试析有关“媒介融合”的研究》，载《国际新闻界》2009 年第 11 期。

② See Ithiel de Sola Pool, *Technologies of Freedom*, Harvard University Press, 1983, p. 24.

各种媒体呈现出多功能一体化的发展趋势”。[1] 1994 年，《圣荷西水星报》与美国在线共同推出名为《水星中心新闻》的电子报服务，小标题即“一次媒体融合”（A Media Convergence）。到 2000 年，美国在线和时代华纳宣布历史性合并时，“融合”一词已成为电子信息传播中的常用语。[2] 2003 年，美国学者李奇·高登在《融合一词的意义与内涵》一文中，解释了媒体融合在不同传播语境下的含义，使人们对媒体融合有了更为全面的认识。[3] 从发展阶段看，媒体融合从不同媒介或部门联袂演出的“配合”阶段、互联网思维与传统媒体基因较量的“竞合”阶段，逐渐过渡到媒体有机体形成的“融合”阶段，并且越来越带有“内容分享”和“全面融合”色彩。[4] 特别是近年来，随着一系列新技术的加速发展，传统媒体的社会基础与固有优势已经不在，国外媒体一直在从体制机制、内容形态、流程管理、人才技术等

---

① 刘颖悟、汪丽：《媒介融合的概念界定与内涵解析》，载《传媒》2012 年第 1 期。

② 参见宋昭勋：《新闻传播学中 Convergence 一词溯源及内涵》，载《现代传播》2006 年第 1 期。

③ 参见蔡雯、王学文：《角度·视野·轨迹——试析有关“媒介融合”的研究》，载《国际新闻界》2009 年第 11 期。

④ 参见刘滢：《配合、竞合与融合——国外媒体融合的探索和尝试》，载《对外传播》2014 年第 12 期。

方面寻求突破和革新。①

21 世纪初，媒体融合的概念正式被国内采用，在一段时间内，媒体融合和媒介融合的概念是彼此通用的。② 随着中国媒体业向深度融合发展的实践，媒体融合一度成为其后 10 余年间的研究热词，③ 相继出现了“跨媒体”（cross-media）、“全媒体”（omniMedia）、“融媒体”（melted media）等概念。④ 时至今日，虽然学界和实务界对媒体融合概念的界定在认识上没有达到完全统一，但普遍认为“媒体融合”的概念有狭义和广义之分。狭义的媒体融合即媒体形态的融合，是指将不同的媒介形态融合在一起会产生质变，形成一种新的媒介形态，如电子杂志、博客新闻等。广义的媒体融合不仅包括媒介形态的融合，还包括媒介功能、传播

① 参见田智辉、肖玉笛：《国外媒体融合发展现状研究》，载《现代视听》2020 年第 10 期。

② 媒体和媒介之间其实是有区别的，一言以蔽之，媒体即媒介加内容体系的组合。

③ 国内学者一般认为，2004 年至 2005 年，中国人民大学新闻与社会发展研究中心蔡雯研究员在美国进行富布莱特项目研究时，发表《融合媒介与融合新闻——从美国新闻传播的变化谈起》一文，是最早把“媒介融合”概念介绍到国内的。参见王喜涛、李永华：《从媒介融合到媒体融合的认知演进及其概念辨析》，载《中国传媒科技》2017 年第 4 期。

④ 跨媒体强调简单化的媒体连接、全媒体强调齐全化的媒介形态、融媒体强调深度化的网络嵌入。参见李玮：《跨媒体·全媒体·融媒体——媒体融合相关概念变迁与实践演进》，载《新闻与写作》2017 年第 6 期。

手段、所有权、组织结构等要素的融合,[①] 是一项具有全局性、战略性的系统工程。[②] 随着新发展理念的兴起，媒体融合越来越被视为“发展”名词,[③] 而“媒体融合发展”的提法也开始在政策文件中使用，“推进媒体深度融合”被写入《中共中央关于制定国民经济和社会发展第十四个五年规划和二〇三五年远景目标的建议》。

二、媒体融合发展的特征

经过近些年来的理论探讨和实践摸索，业界一般公认媒体融合具有以下一些较为突出的特征。

一是多媒体聚合。现代媒介技术的最大特征是数字化、网络化。[④] 通过数字技术和网络平台，将文本、图像、视频、音频等不同形式的媒体内容和信息元素聚合起来，形成相对复杂的媒体矩阵。具体而言，媒体传播矩阵是指具有可持续性、可参与性、趣味性的，且在线下能以多种形式传播的信息网络。[⑤] 利用这种媒体矩阵，媒体能够迅速提升自身的社

---

① 参见陈力丹:《用互联网思维推进媒介融合》，载《当代传播》2014 年第 6 期。

② 参见姜军:《以系统思维推进媒体深度融合》，载《传媒评论》2023 年第 9 期。

③ 参见宗辉:《媒体融合：概念、目标、实践》，载《中国广播电视学刊》2022 年第 5 期。

④ 参见沈继睿:《媒介技术哲学研究》，兰州大学出版社 2023 年版，第 19 页。

⑤ 参见翟光达:《大数据下传统媒体与新媒体融合发展趋势分析》，载《数字通信世界》2022 年第 2 期。

会影响力和引导粉丝，从而得到更多受众的关注与支持。①

二是跨平台传播和平台交互。媒体内容可以在互联网、移动设备、社交媒体等多种平台上传播和访问，从而极大拓展了媒体覆盖范围，使信息更加普及和便捷。无论是传统媒体、社交媒体还是流媒体平台，都可以通过媒体融合实现内容共享和互通，为受众提供更加综合和一体化的访问体验。②

三是移动性和即时性。当前，移动端已经成为用户接收信息的主要端口，推动实时通信和即时分享成为可能。③ 用户可以通过手机、平板电脑等移动设备随时随地获得各种类型的媒体内容，由此形成极具个性化、碎片化的阅读习惯。④

四是内容多样性和个性化。所有技术都具有意图，技术的意图就是人的意图，即人想让技术做什么。⑤ 通过媒体融合，文字、图片、视频产品结合生成不同形式的信息内容，然后在不同平台传播给受众，带来了内容多样性和个性化定

① 参见瞿姝宁：《大数据时代媒体融合的特征、动力与路径探索》，载《新闻研究导刊》2022 年第 12 期。

② 参见杨浩婕、苏昱名：《浅析新时代媒体融合的内涵、成因和特征》，载《西部广播电视》2020 年第 16 期。

③ 参见苏旭阳、朱婧薇、张巨才：《移动化：媒体融合背景下传统媒体产品的转型路径》，载《声屏世界》2023 年第 13 期。

④ 参见郑牧野：《移动端阅读在媒体融合时代的广泛应用》，载《新阅读》2023 年第 5 期。

⑤ 参见沈继睿：《媒介技术哲学研究》，兰州大学出版社 2023 年版，第 18 页。

制的可能。[①] 在此过程中，内容创新越来越成为媒体建设的推进器，优质内容越来越成为有效传播的“撒手锏”。[②] 用户可以根据自身兴趣和需求选择和定制媒体内容，从而获得更为个性化的信息体验。

五是受众分散化和社交互动性。有别于传统媒体的受众统一性和集中性，由于不同媒体形式和平台的结合，受众可以选择多种方式来获取信息和娱乐，由此趋于分散化。同时，大众传播时代泾渭分明的受众和传播者的角色，开始变得模糊不清，[③] 用户可以通过评论、分享、转发、创作等与媒体内容进行互动。特别是随着人工智能、虚拟现实（Virtual Reality，VR）、增强现实（Augmented Reality，AR）技术以及可穿戴设备的广泛应用，技术、场景和关系日益成为用户互动新要素。[④]

六是数据驱动和精准营销。随着大数据应用不断普及，其技术门槛及费用不断降低，大数据技术在媒体融合中的引

---

① 参见高新国：《基于内容生产审视传统媒体融合发展之路》，载《新闻研究导刊》2022 年第 17 期。

② 参见刘自良：《媒体融合背景下新型主流媒体内容创新路径探析》，载《新闻研究导刊》2022 年第 19 期。

③ 参见陈力丹、张玉川：《外国新闻传播史纲要》（第 3 版），中国人民大学出版社 2022 年版，第 12 页。

④ 参见王牧寅：《媒体融合时代新闻用户的具身性互动研究》，载《东南传播》2022 年第 5 期。

领作用日渐凸显，[①] 媒体行业的智能化水平、服务功能越发突出。[②] 由此，媒体和广告行业可以通过数据分析和目标定位，实现更加精准的营销和推送，提供更有针对性的体验和服务。

七是媒体产业融合。媒体融合改变了传统媒体产业格局，“互联网+”导致了不同行业与区域的边界在融合中消解，[③] 传统媒体机构和行业之间的界限越来越模糊，新的媒体组织和业务模式不断涌现。媒体产业开始更多地通过显性的形态融合、隐性的生态融合、深层的社会互动等形式进行协同合作和资源整合。在此背景下，走媒体产业集群化发展道路，越来越成为当前媒体行业发展的一大趋势。[④]

八是跨文化交流。新媒体时代，媒体传播呈现知识系统性特点。[⑤] 通过媒体融合，人们可以接触到不同文化、地区

① 参见赵军、欧阳萍萍：《大数据应用驱动媒体融合发展》，载《广播电视信息》2019 年第 5 期。

② 参见周强：《大数据驱动与媒体融合创新发展之路》，载《数字技术与应用》2023 年第 1 期。

③ 参见朱春阳、刘波洋：《媒体融合的中国进路：基于政策视角的系统性考察(2014—2023 年)》，载《新闻与写作》2023 年第 11 期。

④ 参见赵鹏飞：《中国传统媒体与新兴媒体产业融合发展研究》，载《西部广播电视》2022 年第 12 期。

⑤ 参见郭克宏：《法治新闻之法治精神方略论》，光明日报出版社 2019 年版，第 7 页。

和语言的媒体内容。新媒体发展和媒体融合也有利于丰富交流手段、提升交流技巧和减弱场景差异造成的沟通隔阂，[①]从而促进不同文化背景用户之间的交流和理解。

基于上述显著特征，媒体融合广泛而深入地影响着用户体验、社会交流、媒体行业及媒体产业，有力推动了传统媒体和新兴媒体的共同创新发展，在改变媒体内容和形式的同时，也重塑着媒体生态环境和媒体文化。深刻认识和全面掌握媒体融合发展的概念特征，是推动新时代法治新闻舆论工作领域媒体深度融合发展最初和最关键的一步。

---

① 参见吴娜：《试析新媒体对跨文化交流的影响》，载《文化产业》2021 年第 34 期。

第五章　媒体融合发展的技术赋能

在当今以移动互联网为代表的新媒体环境下，5G、大数据、云计算、物联网、人工智能等先进技术的出现，为新媒体的创新发展提供了强大的技术支持。网络的虚拟世界，已经作为一种“第二自然”的环境统治着网民，[①] 社会已进入形态丰富、生产者众多、传播结构众多、平台众多、终端多样化的“众媒时代”。[②] 从目前媒体融合发展的整体趋势看，普遍具有智能化、平台化、移动化、[③] 社交化、网格化[④]等鲜明走向。随着新技术的发展，技术对新闻传播业、社会文

① 参见陈力丹、张玉川：《外国新闻传播史纲要》（第3版），中国人民大学出版社2022年版，第14页。

② 参见胡栓：《马克思主义新闻观核心概念（舆论篇）》，复旦大学出版社2022年版，第141页。

③ 参见许海涛：《对媒体融合发展现状及特点分析与趋势思考》，载《记者摇篮》2019年第5期。

④ 参见支庭荣：《“互联网+”时代的媒体融合：概念界定、评价标尺与操作路径》，载《教育传媒研究》2019年第3期。

化乃至社会变迁的影响日益凸显，甚至可以说打上了深深的烙印。① 不得不承认，技术作为传媒产业发展的根本动力和媒体融合的生产力，是媒体深度融合的重要凭借和抓手。媒体融合的最大挑战，与其说存在于媒体内部，毋宁说是对于最新技术手段的跟进、认知和把握。想要更好地推动媒体融合发展，有必要处理和运用好媒体和技术之间的关系，为媒体融合插上技术的翅膀。以下简要呈现当今国际国内领先和流行的媒体相关技术。

一、“元宇宙”和人工智能

“元宇宙”是 2021 年国际热词，一经提出，便成为传媒科技领域的概念，因此这一年也被称为“元宇宙元年”。其实，元宇宙的设想、理念、概念、技术等并不是 2021 年才突然出现的，而是数十年来随着人类的想象、研发、实践逐渐产生和发展起来的。② 关于“元宇宙”，目前比较认可的思想源头来自美国数学家和计算机专家弗诺·文奇教授，他在 1981 年出版的小说《真名实姓》中，创造性地构思了一

---

① 参见田智辉、肖玉笛：《国外媒体融合发展现状研究》，载《现代视听》2020 年第 10 期。

② 参见胡乐乐：《“元宇宙”解析》，载百度网 2022 年 4 月 6 日，https://baijiahao.baidu.com/s?id=1729338881562621670&wfr=spider&for=pc。

个通过脑机接口进入并获得感官体验的虚拟世界。① “元宇宙”一词，则诞生于 1992 年美国科幻小说家尼尔·斯蒂芬森创作的《雪崩》（*Snow Crash*）。小说中提到“元宇宙”（metaverse）和“化身”（avatar）两个概念，把人们可以拥有自己化身的虚拟的世界，称为元宇宙。

严格而言，元宇宙本身并不是“新”技术，而是集成了一大批现有技术，包括 5G、云计算、人工智能、VR/AR、区块链、数字货币、物联网、人机交互等②的技术集合体和互联网应用。简言之，元宇宙即利用数字技术构建的，映射现实世界或超越现实世界，可与现实世界交互的虚拟世界。③其最大特点是能够给用户提供沉浸式的体验，实现人的视觉、听觉、触觉、嗅觉、味觉等真实感受的延伸，从而得以沉浸式或以上帝视角观看新闻事件，对事件过程进行细节放大、暂停、回放等，甚至可以对事件进行实时干预和角色推

① 参见沈阳：《解码元宇宙丨沈阳：全世界都在谈元宇宙，它到底有多重要?》，载新华网，http://www.xinhuanet.com/sikepro/20211109/cf2f9f979c054af7b10833564802ead3/c.html。

② 参见邬贺铨：《中国具备数字经济巨大优势——互联网当前热点解析》，载新华网，http://www.news.cn/tech/20220815/e78d0039c3ce431197e01aefff1aff42/c.html。

③ 参见王天泥：《元宇宙背景下文旅数字化转型发展研究》，载《图书与情报》2022 年第 3 期。

演。[①] 今天的元宇宙，就像互联网和智能手机一样，一旦成为现实，就不可避免地成为新时代的开端。[②] 我国媒体行业已在数字化改造、基础设施、融媒体转型等多方面涉足元宇宙领域。[③] 2021 年 11 月，湖南广播电视台携手中国移动及芒果超媒，以国家广播电视总局 5G 重点实验室为基石，探索搭建名为芒果“元宇宙”的平台。仅仅一个月后，安徽广播电视台宣布与风语筑全资子公司风语宙达成合作，共同打造安徽省首个数字虚拟主播，并计划开展虚拟直播间、虚拟 IP 运营等元宇宙相关业务。目前，广播电视领域在元宇宙领域的初步探索主要集中在虚拟主播的打造上。这些虚拟主播不仅能够参与节目播出，而且具备互动功能，为观众带来新颖、智能的观看体验。随着越来越多虚拟主播的上线和综艺活动的参与，媒体行业正通过扩展虚拟现实技术迈出元宇宙融合发展的关键一步。这不仅展示了媒体行业对新技术的前瞻性应用，也预示着元宇宙将在未来广播电视领域发挥更加

---

① 参见董平生、徐珊珊：《媒介技术应用对“四全媒体”建设的推进》，载《全媒体探索》2023 年第 4 期。

② 参见张曦月：《元宇宙视域下新闻媒体的创新路径与发展研究》，载《新闻文化建设》2023 年第 11 期。

③ 参见李潼、侯玉娟、崔健：《元宇宙在媒体行业的应用进展、问题与应对》，载《广播电视网络》2023 年第 9 期。

重要的作用。[①] 如何把握元宇宙的发展窗口期，紧跟互联网变革步伐，是传统媒体和新媒体共同面临的机遇和挑战。元宇宙背景下，在丰富新闻体验和新闻生产，推动新闻维度多元化的同时，新闻媒体行业也面临着新闻真实性难以保障、个人隐私泄露和信息安全问题频发、平台垄断问题凸显、[②] 网络支撑能力与传输速度不足、现实空间向虚拟空间迁徙中的标准不足等[③]困难和问题。因此，必须准确把握元宇宙概念和技术，谋划“未来媒体”，推进媒体深度融合发展。[④] 一方面，要高度关注和充分发挥元宇宙应用对传播方式和内容场景创新，以及推动媒体生产链、传播链、价值链优化升级等方面的积极作用，推动媒体行业更好地适应元宇宙这一新兴技术发展背景，顺势而动、乘势而上。另一方面，要通过完善相关制度规范，强化监督管理，有效应对元宇宙带给媒体行业机遇便利的同时所附随的风险隐患，在确保媒体融合持续健康发展的同时，实现经济效益和社会效益的统一。

① 参见郭文韬、童兵：《从区块链版权到数字复刻：元宇宙中的媒介融合路径》，载《新闻爱好者》2023 年第 8 期。

② 参见潘奕含：《元宇宙背景下新闻媒体行业发展的机遇与挑战》，载《记者观察》2023 年第 18 期。

③ 参见李潼、侯玉娟、崔健：《元宇宙在媒体行业的应用进展、问题与应对》，载《广播电视网络》2023 年第 9 期。

④ 参见金鹏：《元宇宙技术推动媒体融合发展的路径思考》，载《新闻战线》2023 年第 20 期。

人工智能（Artificial Intelligence，AI）是一门新的科学，用于模拟、延伸和拓展人类智能的理论、方法、技术及应用。[①] 此概念于 1956 年达特茅斯会议中提出，之后由美国学者麦卡锡引入学术研究领域。[②] 随着人工智能的快速发展，关于人工智能的理论和技术也日臻完善，应用领域也在不断扩大，人工智能研发出来的科技产品是人类智慧的"容器"。人工智能的应用范围很广，包括农业、通信、传媒、医疗、交通、社会治安、金融、大数据应用等各行各业。人工智能也是计算机学科的分支，可以应用人工智能开发出新的基于人类活动做出相似反应的智能机器，如机器人、图像识别、自然语言处理和专家智识系统等。[③]

在融媒体的背景下，人工智能技术对人类世界的改变非常深刻和全面，正如互联网技术横空出世时一样，引起了天翻地覆的变化。从传统的人工智能到如今的生成式人工智能，技术的跨越不仅仅是功能的升级，更是思维模式的转变。传统的人工智能更多地聚焦于对现有数据的分析和处

---

① 参见苏斌：《人工智能新技术带动传媒行业深度融合》，载《中国石化》2023 年第 10 期。

② 参见段蕾：《人工智能时代新闻业面临的挑战与对策》，载《传媒》2019 年第 15 期。

③ 参见王浩宇：《人工智能给媒体带来的机遇与挑战》，载《记者摇篮》2023 年第 5 期。

理，而生成式人工智能则能够基于深度学习等技术，自主生成全新的内容，为媒体行业提供了更为广阔的创新空间。生成式 AI 的加速应用让人和信息之间实现了更加精准的匹配。传统新闻的内容生产、传播、呈现因为人工智能的出现产生了新的变化。2015 年 9 月，腾讯财经推出“Dream writer”，写出了国内第一篇“机器人新闻”。紧接着新华社也推出了“快笔小新”，主要撰写体育和财经类报道。2016 年，第一财经推出了“DT 稿王”，主要负责逻辑和数据相关领域的新闻报道工作。北京大学和今日头条共同研发了新闻机器人记者“Xiaomingbot”，其在里约奥运会期间实现实时撰写新闻稿件，使观众能够在最短时间内接收到比赛最新消息。[①] 2017 年，封面新闻推出自主开发的机器人“小封”，“小封”在写稿的同时还可以和用户进行语音互动。[②] 2022 年年底，OpenAI 公司推出的 ChatGPT（Chat Generative Pre-trained Transformer）更是将人工智能的便利体现得淋漓尽致。ChatGPT 是在 GPT（Generative Pre-trained Transformer）基础上进一步开发的自然语言处理模型，其在大型文本语料库中进行训练学习，然后通过学到的语言模式来形成自然的语

① 参见谭辉煌、张新宇：《机器人新闻写作的内容分析——以今日头条 Xiaomingbot 为例》，载《湖北科技学院学报》2021 年第 1 期。

② 参见刘迷：《机器人新闻：开启新闻生产模式新样态》，载《今传媒》2018 年第 5 期。

言文本。[①] 2023 年 3 月，OpenAI 公司推出了 ChatGPT4. 0 多模态预训练大模型，提升了回答问题的准确性，并且增加了识别图像等新功能，在人类情绪的识别上达到了更高的水平。ChatGPT 不同于普通的人工智能软件，它更擅长创造内容，如可以在对话框中要求它写新闻、学术论文，写作，甚至可以设计图像，生成视频、编写代码。[②] 人工智能在传媒行业应用广泛，为传媒产业提供了更多的传播渠道和工具，使受众获得信息的方式更加便捷和精准，更好地提高了用户的体验感，提高了传播效果。

随着人工智能的广泛应用，其也带来一系列问题和挑战。首先，虚假新闻泛滥。[③] 人工智能技术可以加快创作速度，根据用户的喜好在短时间内创造多条新闻，产生符合用户需要的信息内容。但是对于某些错误内容和信息，不能及时发现并加以修正，容易造成虚假新闻泛滥的乱象。目前，跟踪错误信息的组织 News Guard 已经发现 614 个不可靠的人工智能生成的新闻和信息网站，标记为“UAINS”，涵盖

---

① 参见殷俊、杨金川：《ChatGPT 智能文化建构与社会功能研究》，载《重庆工商大学学报（社会科学版）》2024 年第 3 期。

② 参见王仕勇、张成琳：《国内外 ChatGPT 研究综述及展望：人文社科视角》，载《重庆工商大学学报（社会科学版）》2023 年第 5 期。

③ 参见杨为学：《ChatGPT 生成式人工智能视角下数字媒体的转型策略分析》，载《新闻爱好者》2023 年第 10 期。

15 种语言，包括阿拉伯语、汉语、捷克语、荷兰语、英语等。其次，生成的错误观念可能会造成严重后果。[①] 由于人工智能只能依靠预先训练的资料来生成内容，对其所产生的错误观念以及知识无法加以辨别，故其容易产生偏激、极端言论，危害社会。有报道显示，人工智能或许会成为某些国家为自己的地缘政治去控制全球叙事的工具。[②] 最后，由于人工智能是新生事物，并且潜力巨大，训练模型需要的数据将会更为珍贵，各国政府、企业会更加注重数据隐私的保护，从而有可能限制人工智能的发展。[③] 所以，不仅要看到人工智能发展积极的方面，对于其隐藏的风险也要有清楚认识。监管部门要积极制定合理的法律法规，确保人工智能技术在传媒行业中的应用符合国家有关规定和公众利益；法律法规和政策需要明确人工智能技术的应用标准和规范，更要保护用户隐私和数据安全，对发布信息的真实性提出具体要求；要加强审核，杜绝虚假新闻在媒体平台传播。

---

① 参见张志君：《机喻文化：ChatGPT 引发的相关思考及对策建议》，载《教育传媒研究》2023 年第 3 期。

② 参见杨为学：《ChatGPT 生成式人工智能视角下数字媒体的转型策略分析》，载《新闻爱好者》2023 年第 10 期。

③ 参见宋阳、张志勇：《新媒体时代计算机技术在传媒领域的应用》，载《大众标准化》2023 年第 22 期。

二、大数据技术和5G/6G

大数据技术，是指对海量数据进行集合和分析的一种算法。在2011年，麦肯锡公司公布了一份报告，明确了大数据的定义，它具备五大核心特征：体量大（volume）代表数据量巨大，通常达到GB、TB甚至PB的级别；高速性（velocity）代表数据增长的速度非常快；多样性（variety）代表数据的种类是多种多样的；价值性（value）代表单一数据的价值相对较低，但从整体上看，数据的价值却相当高；真实性（veracity）代表数据是从真实的世界中获取的，这些数据既真实又有效，能够真实地展现现实情况。如今，我们每天使用的数据，极少是对客观世界的直接测量，大多是对人类活动的各种记录。[①] 大数据的核心作用在于通过利用海量数据和各个数据之间的关系来预测未来，并通过再次利用这些数据来实现其自身的价值。[②]

在融媒体时代，传统纸质媒介面临前所未有的挑战，尤其是报纸行业更是首当其冲，发行量大幅下降，广告收入减少，甚至出现了倒闭的现象。随着社会的进步，我国的社会

---

① 参见沈继睿：《媒介技术哲学研究》，兰州大学出版社2023年版，第133页。

② 参见裴佳：《浅析大数据技术对新闻传播的影响和发展策略》，载《军事记者》2022年第6期。

舆论环境经历了深刻的变革，因此媒体的格局需要进行深度调整。大数据技术的飞速发展和广泛应用，为媒体的转型提供了关键的钥匙。通过合理地利用大数据资源，可以实现科技与内容的相互支持和交叉融合，从而形成新媒体融合发展的核心力量，为媒体产品结构的革新和报业的转型升级创造了巨大的空间。① 我国拥有庞大的人口基数，新闻媒体行业有着稳定且庞大的受众基础，他们对新媒体品牌持有极高的信任。因此，在当前时代背景下，传统媒体要想实现自身可持续发展，就必须重视对互联网用户行为特征的深入研究，以满足以用户需求为导向来优化媒体产品体系，从而提高媒体服务质量和传播效果。② 大数据的丰富信息已经加速了新闻收集的效率，并降低了新闻媒体从业者在信息收集方面的成本。大数据的应用在媒体融合过程中也促进了一个多元化信息集成的媒体大数据系统的建立，同时创新了媒体行业的发展途径。借助大数据技术的强大预测和挖掘能力，媒体大数据系统能够根据网民的传播行为和网络上相似主题的聚合进行分析，数据比对，为各种事件的传播绘制动

① 参见向含笑：《新技术如何赋能媒体融合与传播》，载《新闻传播》2023 年第 4 期。

② 参见李智博：《大数据技术对新闻传播领域的影响探讨》，载《新闻传播》2023 年第 13 期。

态图表。[①] 这些比对结果有助于揭示传播的热点，从而帮助记者提前识别新闻热点，提升新闻选题策划的有效性和合理性，并进一步提高新闻的关注度。另外，大数据还可以推动媒体产业向商业化转型，实现定向广告投放，增强广告投放效果。[②] 通过算法和大数据对用户进行精准画像，并通过数据分析，可以掌握用户的购买偏好，从而进行有针对性的商品推荐。在融媒体背景下，新闻从业人员也要提高自身素质，增强信息整合使用的能力，尤其是要提高对海量大数据信息甄别整合使用的能力，有针对性地为用户定制相关内容，充分利用大数据技术来提高新闻的舆论引导作用。

在享受大数据技术带来便利的同时，我们也应该清楚认识到，大数据技术在融媒体领域的应用是一把“双刃剑”，过度依赖大数据技术，会造成新闻模式严重同质化。新闻报道需要加工和创作，应重视创造性和吸引力，并采用丰富的写作手法和传播方式，避免出现单一的框架、雷同的内容。但是，部分媒体从业者为提高发稿速度，过度依赖大数据，从而使新闻类型和内容越来越雷同，失去了可读性，长此以

---

① 参见周沁蕾：《媒体融合背景下大数据技术对新闻传播力的影响探究》，载《新闻文化建设》2023 年第 7 期。

② 参见高琳淄：《论大数据时代的媒介技术发展与受众意识重塑》，载《新闻传播》2023 年第 8 期。

往将使读者失去阅读兴趣，降低传播力。[①] 另外，大数据的过度使用容易形成大量碎片化信息，使深度报道失去受众，久而久之会培养用户习惯，使用户无法在深度报道上集中精力，无法深度思考，从而导致整个行业转向“快餐”化，高端人才流失。[②] 并且，大数据通常会根据用户习惯推荐个性化内容，虽然这会增强用户黏性，但长此以往，容易使用户只关注自己感兴趣的领域，陷入“信息茧房”。这将使用户进入算法的牢笼，无法有效拓展思维，接受新的思想和观点，以偏概全，在某些程度上会激化社会矛盾，影响社会风气。[③] 因此，为了更好地展示大数据技术在融媒体应用中的积极作用，各平台应注重职业道德、伦理教育，树立正确的价值观，在正确思维导向的指引下促进媒体融合的进一步发展。[④]

5G 技术是一种革命性的宽带移动通信技术，在 5G 时代，其最为突出的特征在于成功融合了移动互联、大数据和

---

① 参见周沁蕾：《媒体融合背景下大数据技术对新闻传播力的影响探究》，载《新闻文化建设》2023 年第 7 期。

② 参见王敏芝、屈晓亮：《智媒时代的数字鸿沟：议题聚焦、理论拓展与实践理性》，载《传媒观察》2023 年第 11 期。

③ 参见吴访益、谢东俊：《智媒时代主流意识形态建设：机遇、风险与应对》，载《人民论坛 · 学术前沿》2023 年第 20 期。

④ 参见顾理平、俞立根：《如何面对智媒时代的传播伦理问题》，载《传媒观察》2022 年第 2 期。

智能学习等尖端技术。从技术层面分析，5G 技术具备六大鲜明特点：超高传输速率、全面覆盖的网络、极低的能耗、毫秒级的低延迟、万物互联的能力以及安全架构的重构。这些特点对于媒体融合而言，将引领一场全新的革命性变革。5G 消息展现全媒体传播的鲜明特征。从媒体融合传播的视角看，5G 消息不仅具备了传统媒体与新媒体融合的全媒体传播特点，还代表了全媒体传播的新方向。在内容组织形式上，5G 消息能够灵活承载并传播多样化的信息内容，包括文字、图片、音频、视频等多媒体元素，同时能够集成位置信息、卡片等实用功能。此外，5G 消息还支持搜索、菜单选项、在线支付等交互功能，为用户提供了便捷的操作体验。在技术体系上，5G 消息更是一个汇集了 5G 网络、人工智能、大数据、物联网等新一代信息技术的先进产品。凭借其强大的技术能力，5G 消息能够全面支撑信息传播的全流程，实现信息的高效、精准传播。① 此外，5G 技术还通过医疗、金融、教育、电商物流等产业不断赋能“智能 +”，新闻媒体的融合进程也正逐渐向着智能化、深度化的方向迈进。

在 5G 技术广泛应用、“云—网—端”深度融合的背景

---

① 参见卢迪、陈宇楠、邱子欣：《5G 消息在全媒体传播中的价值、属性与应用》，载《传媒》2023 年第 7 期。

下，超高清内容实现直接上云端的“直通通道”，视频新闻制作从传统的“远距离”编辑走向“云上”的直接制作，从“固定点”走向“移动端”，从“重设施”走向“轻应用”，以满足全媒体下的新闻制作与内容传播需求。[①] 2017年，新华社与阿里巴巴合作，联合设计了“媒体大脑”，运用智能技术赋能媒体，探索和实践个性化生产、可视化呈现、互动化传播。新华社还发布了世界上第一个基于5G技术的虚拟多地点、跨屏幕的深度采访。[②] 在2019年的全国两会报道中，中央广播电视总台首次实现5G技术持续传输4K超高清信号，并通过总台5G新媒体平台进行直播。此外，其还采用大数据和人工智能技术，将多路4K和VR视频信号进行集成制作和分发。这一应用展示了5G网络传输环境下4K节目制作的创新性与便利性，给观众带来了超高清的视觉享受。[③] 2019年，浙江新闻客户端、天目新闻客户端联合中国电信，通过5G+AR直播，实现“打卡西湖十景，足不出户看杭州”，将演播室搬到西湖边。2022年，北京冬奥会期间，央视频依托总台“5G+4K/8K+AI”战略布局，

① 参见刘建华、杨雨晴：《全国媒体融合发展的当前情况与未来方略》，载《中国传媒科技》2023年第9期。

② 参见傅丕毅、商艳青、张宁宁：《“媒体大脑”的智媒演变：万物为媒 人机共生》，载《传媒》2019年第4期。

③ 参见冯雯璐：《全国两会报道的新技术应用》，载《新闻战线》2019年第7期。

以科技大招为冬奥内容传播强势赋能，日均活跃用户周环比增长了两倍多，下载量突破 4 亿人次，长时间占据应用商店免费 App 排行榜第一。①

新闻产品的生产与传播流程正在经历着巨大的变革，这种变革在潜移默化中重塑着我国新闻行业的生态格局。在这一技术变革的浪潮中，新闻从业者的职业角色与行业地位正在发生深刻的变化。5G 技术的普及已经催生出一个超高速率的网络环境，在这一环境下，移动媒介在新闻传播领域逐渐崭露头角，其影响力逐渐增强，正在削弱传统媒体在新闻传播中的主导地位。随着 5G 手机的不断普及和相关费用的逐步降低，5G 技术在新闻媒体领域的主导作用将更加稳固。这意味着，未来的新闻传播将更加依赖技术手段，移动媒介也将成为新闻传播的主要渠道之一。2019 年，正值新中国成立 70 周年，央视新闻通过运用 5G 网络和 4K 超高清技术，打造了“多视角全景看盛典”专题，为观众提供了身临其境的观看体验。此外，央视新闻还推出了《全景中国》《共和国发展成就巡礼》《日出东方》等多个特色栏目和专题报道，全面展示了新中国 70 年来的辉煌成就。在传播渠道上，央视新闻更是通过 PC 端、移动客户端等 6 个平台实现全媒

① 参见韩强：《科技冬奥与转播创新——兼论北京冬奥会对体育赛事转播的未来影响》，载《中国广播电视学刊》2022 年第 4 期。

体矩阵的同步直播，进一步扩大了报道的影响力和覆盖面。[①]随着5G、大数据等最新科技的应用，传统新闻媒体的受众将获得更多的主导权，积极参与新闻信息的生产、传播和讨论环节。这意味着新闻的参与者和发布者数量大幅增加。过去，新闻的采写、编辑和发布主要由经过国家审批的具有新闻发布资质的媒体机构承担，然而，随着科技的进步，现在人人都可以成为媒体人。只要拥有一部能够上网的手机，每个人都可以及时发布自己的所见所闻。因此，新闻的发布权不再被传统媒体全面垄断，而是更加多元化。这一变革使新闻行业更加活跃和丰富，为公众提供了更多参与和了解新闻的机会。

5G技术在融媒体领域的广泛应用和深入融合相伴，我们见证了新闻传播速度的大幅提升、内容形式的多样化以及用户体验的极大改善。然而，5G仅仅是通信技术发展的一个里程碑，未来的第六代移动通信技术（6th Generation Mobile Networks，6G技术）将在此基础上实现更大的飞跃。6G技术将以其更高的传输速度、更低的延迟和更广泛的覆盖范围，进一步推动融媒体的创新与发展。目前，我国已建立起全球规模最大、技术水平领先的信息通信网络。工业和信息化部明确表示，将超前布局6G应用生态培育工作，并

① 参见黄楚新：《中国媒体融合的新特点与新趋势》，载《传媒》2020年第8期。

设定了明确的时间表：将2025年定为技术标准制定年份，2030年基本实现6G的商业化应用。[①] 6G通信能力预计将达到5G的10倍以上。2023年6月，国际电信联盟完成了6G愿景需求建议书，明确了6G的典型产品和关键能力指标。值得一提的是，我国提出的5类6G典型场景和14个关键能力指标全部被采纳，这充分展示了我国在通信技术领域的领先地位和卓越贡献，为未来的数字社会奠定坚实基础。从5G到6G的演进不仅是技术的飞跃，更是从万物互联迈向“万物智联、数字孪生”的重要一步。[②] 6G技术将极大推动全息视频的发展，为用户带来前所未有的沉浸式体验，实现物理世界、虚拟世界以及人类世界的深度融合与互动。

三、云计算和数字孪生

云计算是一种利用互联网等网络技术，对计算、存储和网络资源进行虚拟化、整合及动态调配的新型计算服务模式。用户可以根据自身需求，随时获取、灵活调整所需资源，并按实际使用量付费。云计算的兴起极大地简化了计算资源的获取与运用流程，提升了整体的便捷性和效率，为信

---

① 参见方向：《6G厚积薄发，将引领更加智能、便捷、高效的数字社会》，载《人民邮电》2024年2月9日，第1版。

② 参见方向：《6G厚积薄发，将引领更加智能、便捷、高效的数字社会》，载《人民邮电》2024年2月9日，第1版。

息化进程和数字化转型提供了坚实的助力。① 云计算的四大核心特性是可伸缩性、虚拟化技术、自动化管理以及资源共享，这些特性使云计算在数据存储、应用托管、大数据分析以及网络监管与服务检测等众多领域得到广泛应用。云计算技术具有成本优化、灵活弹性和便捷性的多重优势。②

在媒体融合方面，云计算技术的快速发展也为电视与新媒体融合提供了桥梁，电视节目的制作、存储及传输过程变得更为高效和便捷。借助云计算的力量，电视节目得以轻松实现跨平台、跨终端的传播，让观众无论身处何地都能随时观看心仪的节目。此外，云计算技术还为电视节目带来了强大的数据分析和处理能力，进而实现个性化推荐、精准广告投放等高级功能。这些改进不仅显著提升了用户体验，也极大地增强了电视节目的市场竞争力。2023 年，在全国两会报道、“一带一路”国际合作高峰论坛、中关村论坛、杭州亚运会、成都大运会等各类大型活动全媒体报道过程中，各级媒体的全媒体记者在日常工作中已经普遍采用采编云端协同、视听内容云转播与制作等云端工具进行内容生产与应用。随着新应用场景的不断涌现和变化，云计算技术为媒体

① 参见岳茹：《云计算环境下的数据存储与管理技术研究》，载《科技资讯》2023 年第 21 期。

② 参见高翔、张贺文、李俊卿：《云技术支持下的广播电视智能监管平台建设》，载《电视技术》2023 年第 10 期。

实现云端化和数据化运营提供了坚实的支持。以 2023 年全国两会报道为例，人民网、新华网、央视网等知名媒体继续借助云访谈、云对话等创新形式，通过线上线下的云端连接实现跨时空的联动报道，显著提升了传播的时效性和影响力。在杭州亚运会期间，央视频更是依托大数据、云计算和人工智能等先进技术，为观众提供了包括影音播放、视听体验、智能搜索和实时互动在内的全方位观赛服务。这使观众即便在家中也能享受到沉浸式的精彩体育赛事体验。①

随着物联网、社交媒体、在线购物以及移动支付等数字应用的不断普及，互联网数据量呈现出迅猛增长的态势。以社交媒体为例，亿万用户每天都在这些平台上发布、分享和互动着丰富多样的内容，如文字、图片、视频和语音等。这些庞大的信息流不仅需要高效可靠的存储和管理系统来支撑，而且必须能够迅速响应用户的访问需求。与此同时，物联网设备的广泛应用，如智能家居、智能交通和工业自动化等，也在不断产生海量的数据。这些数据类型各异，结构复杂，处理起来极具挑战性，而云计算技术的出现填补了这方面的空白。首先，它具备出色的成本效益，用户只需为实际使用的资源付费，避免了浪费。其次，云计算提供了极高的

① 参见常湘萍：《技术赋能 推动高质量发展》，载《中国新闻出版广电报》2023 年 12 月 26 日，第 7 版。

灵活性，用户可以根据自身需求快速调整资源规模，以满足不断变化的业务需求。同时，云计算的可伸缩性使其能够轻松应对工作负载的波动，确保服务的连续性和稳定性。此外，自动化的管理和维护功能大大简化了运维流程，降低了人工干预的需求。多个数据中心的布局则保证了服务的高可用性，即使在面临故障时也能迅速恢复。而且，云计算还具备全球化的特性，用户可以在任何地点远程访问所需资源。最后，云提供商为用户数据和隐私提供了严密的安全保障，使用户能够安心享受云服务。这些优势共同推动了云计算成为媒体行业提高效率、降低成本、增强创新能力的首选方案。[①]

2003 年，美国学者迈克尔·格里夫斯（Michael Grieves）首次提出数字孪生概念。2014 年，Michael Grieves 撰写了数字孪生白皮书，为这一领域的发展奠定了基础。[②] 数字孪生就是一种利用物理模型和监测数据来模拟物理过程的方法，这种方法能够在数字化空间中构建物理实体的精确映射，从而反映其全生命周期过程。简而言之，数字孪生技术为我们提供了一个全新的视角，使我们能够在虚拟环境中全面了解

① 参见岳茹：《云计算环境下的数据存储与管理技术研究》，载《科技资讯》2023 年第 21 期。

② 参见董平生、徐珊珊：《媒介技术应用对“四全媒体”建设的推进》，载《全媒体探索》2023 年第 4 期。

和预测实体装备的行为和性能。它巧妙地融合了物理模型、实时传感器数据、设备运行历史以及多学科知识，通过整合这些丰富而多元的信息，数字孪生能够在虚拟空间中精确映射出实体装备的全生命周期过程。这一过程涵盖了从设计、制造、运行到维护等多个阶段，确保了虚拟模型与实体装备在多个尺度、多个物理量以及多个概率下的高度一致性。这种技术不仅增强了我们对物理世界的认知，还为众多领域的创新和发展提供了有力支持，如智能制造、飞行模拟、医学分析、智慧城市、文化传播和基建工程等。这些领域通过数字孪生技术，不仅能够模拟复杂的物理过程，还能够进行预测和优化，从而提高效率、降低成本。①

除了模拟实体装备，数字孪生技术与多种智能技术结合还催生了数字虚拟人，这一创造在传媒领域应用很广，并且逐渐成熟。数字虚拟人能模拟现实媒体人的外形、声音等外在特征，为媒体内容创作和传播带来新的可能。2022 年全国两会期间，央视新媒体平台央视频大胆创新，以知名财经评论员王冠为蓝本，推出了名为“AI 王冠”的数字孪生主播。这位 AI 主播与真人王冠共同主持了《“冠”察两会》节目，为观众带来了前所未有的视听盛宴。“AI 王冠”不仅是中央

① 参见向含笑：《新技术如何赋能媒体融合与传播》，载《新闻传播》2023 年第 4 期。

广播电视总台首个具备超自然语音和超自然表情的超仿真主播，更代表了当前我国在数字孪生AI主播领域的最新成果。[①] 其高度逼真的形象和自然流畅的播报方式，为观众带来了全新的视觉冲击和观看体验，充分展示了数字孪生技术在新闻传播领域的巨大潜力。[②] 2023年，山东广播电视台也推出孪生“数字人苏小妹”。通过先进的AI技术，山东广播电视台对主持人王苏进行了深入的学习运算，精准复刻了她的形象与声音，相似度高达98%。这一创新举措诞生了“数字人苏小妹”，使山东广播电视台能够高效推出《苏小妹说中国字》的多语种版本，包括法语、俄语、蒙古语等。通过这些版本，可以全方位、多语种地向世界传递中华文明的价值导向和中国人的精神风貌，展示中华优秀传统文化的独特魅力和时代风采。“数字人苏小妹”的出现，不仅丰富了节目形式，也拓宽了文化传播的广度与深度，成为山东广播电视台向世界展示中国文化的一张亮丽名片。[③] 目前，数字孪生AI主播的播报形式已经变得丰富多样，从传统的新

① 参见王欢妮、刘芹妍：《数字孪生AI主播的“进化”趋向与伦理反思——以央视虚拟主播“AI王冠”为例》，载《视听界》2023年第4期。

② 参见王欢妮、刘芹妍：《数字孪生AI主播的“进化”趋向与伦理反思——以央视虚拟主播“AI王冠”为例》，载《视听界》2023年第4期。

③ 参见兰之馨：《山东广电布局数字人，探索时代风口下的媒体转型机会》，载《中国广播影视》2023年第10期。

闻演播室到生动的外景采访，从严谨的电视节目到便捷的新闻客户端，全方位满足用户需求，提供贴心的“陪伴式服务”。2021 年 10 月 13 日，北京时间平台推出了以知名主持人春妮为原型的数字人“时间小妮”。与市面上其他 AI 主播主要聚焦于新闻报道不同，“时间小妮”更注重用户体验。在北京时间 App 中，“时间小妮”如同一位“智能助手”，除了实时播报新闻，还能提供秘书式的贴心服务，如日常提醒、天气预报、信息查询等。春妮自身的知名度和亲和力，赋予了“时间小妮”独特的魅力，增强了用户的亲近感，进而优化了用户体验。同时，这也标志着 AI 主播在提供“陪伴式服务”的道路上又迈出了坚实的一步。①

由此可见，数字孪生技术衍生出的虚拟数字人成为主流媒体打造全媒体传播体系的重要工具，为广播电视媒体的转型升级注入了新的活力。然而，在拥抱新技术的同时，我们必须清晰地认识到，虚拟数字人的出现并非为了取代传统主持人，而是作为新技术、新应用、新业态的助力，为主流舆论格局的塑造增添力量。因此，有必要深入研究和理解虚拟数字人与构建全媒体传播体系之间的紧密联系，积极探索 AI 数字人技术在媒体融合中的有效应用路径，以确保在变革中

① 参见吕晶、刘旭：《AI 数字人“时间小妮”赋能媒体融合的策略研究》，载《广播与电视技术》2023 年第 7 期。

稳健前行，塑造出主流媒体的全新舆论格局。

四、区块链和场景化

区块链在本质上是一个去中心化的数据库，它代表了一种全新的计算机技术应用模式，这种模式结合了分布式数据存储、点对点传输、共识机制以及加密算法等先进技术。2008 年 11 月，中本聪发表了关于比特币的白皮书，首次提出了区块链的概念。[①] 最初，区块链主要应用于虚拟货币领域，但随着时间推移，它的应用范围逐渐扩大到了更广泛的金融领域。[②] 区块链有四大特点：一是摒弃传统信任模式。在交易中，信任的建立不再依赖于人与人之间的关系，而是由机器和算法来决定。所有参与者通过密码学原理验证身份，利用共识机制在无须建立信任关系的前提下实现相互信任，并启动点对点的沟通。二是分布式架构，去中心化特点。由于采用分布式网络架构，没有单点故障或易受攻击的中央节点，整体技术布局具有更高的稳定性、可靠性和持久性。三是高度的安全性。共识机制完全基于技术实现，无需

① 参见信莉丽：《区块链技术视角下的媒体融合路径探索》，载《传媒》2019 年第 3 期。

② 参见高凌：《区块链在媒体融合中的应用探索》，载《中国记者》2021 年第 7 期。

第三方介入。[①] 它依赖预先设定的技术规则来推动交易的完成，确保交易过程的安全性。四是公开透明且不可篡改的交易记录。区块链技术按照时间戳顺序将加密的交易数据叠加生成永久、不可逆的记录。这种记录方式保证了交易的公开透明性，同时防止数据被篡改。[②]

如今，区块链技术已经不仅仅应用在金融领域，在融媒体领域也有了更广的应用层面。区块链技术可以对融媒体作品进行版权保护，区块链存证已获我国知识产权法院认可，全流程保护正在推进。2021 年 5 月 10 日，北京市高级人民法院印发《北京市高级人民法院知识产权民事诉讼证据规则指引》，该文件不仅明确肯定了区块链存证证据的价值，还详细阐述了针对存证证据的审查规则。更为重要的是，在实际司法操作中，区块链存证的法律效力已经得到了正式确认，这标志着区块链技术在知识产权保护领域的应用取得了重要突破。[③] 并且，区块链技术极大简化了版权登记的时间成本，区块链的版权生成可以和作品创作同步进行。区块链

---

① 参见王海涛、韩冬晖：《区块链技术在融媒体时代的应用探索》，载《广播电视信息》2020 年第 6 期。

② 参见李鹏飞：《基于区块链技术的媒体融合路径探索》，载《新闻战线》2017 年第 15 期。

③ 参见高凌：《区块链在媒体融合中的应用探索》，载《中国记者》2021 年第 7 期。

技术可以用于治理虚假新闻。[①] 在互联网环境中，虚假新闻常常以图文不符、图片篡改、谣言散布等形式出现。区块链利用时间戳和哈希函数等技术手段，确保原始新闻的完整性和不可篡改性。如果有人尝试篡改新闻图片或文本，产生的差异通过简单的对比就能被发现，从而实现对假新闻的高效快速识别。这意味着在区块链新闻系统中，任何发布或篡改新闻内容的行为都可以被全程追溯。这种透明的追踪机制有效提升了新闻的真实性和可信度。[②] 区块链技术可以用来加强媒体深度融合，颠覆传统媒体的管理模式，探索区块链技术下的媒体融合新形式。例如，2020 年 5 月 20 日，中国首个“云上编辑部”——区块链新闻编辑部正式成立。该编辑部汇聚了 12 家省市主流新媒体的力量，包括湖北广播电视台台长江云、北京广播电视台北京时间等。在运行过程中，该编辑部巧妙地将“分布式”思维、“策划众筹”以及“传播去核”等理念相结合，实现媒体内容的高效协同生产。在具体工作中，所有成员单位团结合作，通过云端连线共同策划，每天进行头脑风暴，集思广益，共同打造优质内容和推广方案。一旦有人提出创新点子，他们便担任项目组长，并

---

① 参见纪昊仁：《AI + 区块链在新闻报道中的应用前景》，载《中国传媒科技》2020 年第 8 期。

② 参见周鹍鹏：《区块链新闻编辑部成立，看区块链如何助力新闻传播?》，载人民网，http://kpzg.people.com.cn/n1/2021/1119/c437610-32286546.html。

主导新闻传播。每一家媒体都平等地拥有发掘和报道重大新闻的机会。除持有“值班钥匙”的媒体外，其他成员单位均按照共同约定，为项目主导者提供全力支持，确保新闻能够在更广泛的平台上传播。在 2020 年全国两会期间，区块链新闻编辑部以云端技术为依托，9 天时间内推出了 10 期日刊，并精心策划了多个封面主题，包括《2020 我们一起拼》《人民至上》《决胜全面小康 共襄复兴伟业》等。① 生产新媒体产品 141 件，在全国 20 多家主流媒体传播，全网综合点击量超过 2.1 亿人次。②

在媒体融合过程中，内容生产和传播永远是核心和基础。随着媒体融合发展的步伐不断加快，要积极探索区块链技术在内容生产传播体系及业务管理流程中的更多应用，利用区块链技术的去中心化特性，打破传统的传播权力结构，构建规模更大、规制更完善的区块链新闻编辑室。此举不仅有助于促进跨地域、多元化媒体机构间的资源共享和生产协作，更能够激发应用创新，提升生产效率。③ 同时，要进一

① 参见徐晓笛：《区块链新闻媒体的创新与应用探究——以全国首个“区块链新闻编辑部”为例》，载《新闻前哨》2021 年第 6 期。

② 参见邓国辉：《“区块链新闻编辑部”：从“云媒体”到“链媒体”》，载《新闻与写作》2020 年第 8 期。

③ 参见张才明、褚婉宏、金韶：《大数据时代主流媒体传播体系的融媒体化策略》，载《编辑学刊》2021 年第 3 期。

步推动“新闻众筹”机制的发展，通过区块链技术实现更透明、更公平的资源分配与协作。这不仅有助于提升新闻内容的品质与多样性，更能够增强传播效果，使新闻更好地服务于社会大众，为构建更加高效、全面的融媒体传播体系贡献力量。

“场景”最初仅用于指代电影、戏剧中的特定场面。然而，在谢尔·伊斯雷尔的著作《即将到来的场景时代》中，这一词汇被赋予了新的内涵。他首次将“场景”用于描绘网络新媒体所带来的全新传播形态，并创新性地提出了场景五力这一概念。① 这五力分别是移动设备、社交媒体、大数据、传感器以及定位系统，它们共同构成了场景时代的核心要素。② 传感器、定位系统、大数据、社交媒体等技术使对用户信息和需求的全方位探查得以实现，从用户的地理位置、人际关系到身体状态，这些数据为实现场景化传播奠定了基础。同时，在多媒体技术的加持下，传播已不再依赖于某种单一媒介，而是通过各个媒介间的合作为用户打造出具有多

① 参见蔡沁辰：《媒体融合背景下区域媒体的场景化传播探索——以楚天都市报极目新闻为例》，载《科技传播》2022 年第 10 期。

② 参见传播匠阿匠学姐：《newspedia | 场论、场域、场景、情境别再分不清啦》，载知乎 2022 年 5 月 27 日，https://zhuanlan.zhihu.com/p/520681578。

重感官体验的传播场景。① 场景化的传播打破了传统大众传播的线性模式，传播内容不再由大众媒体筛选，而是围绕着用户的个性化需求产生。② 由于每个人所处的场景都不同，场景化传播实际上是真正的分众化传播。以人们最常用的外卖软件为例，从确定配送范围内的店铺，到按智能推荐排序，再到最后的实时更新骑手位置，这样一个过程就完成了一次以用户点餐需求为中心的场景传播。今天，场景传播已经成为基本的传播形态之一，构建具有吸引力的传播场景也成为媒体努力的方向。传感器、定位系统、大数据与社交媒体等尖端技术，使对用户信息与需求的深度挖掘得以实现。无论是用户的地理位置、人际关系还是身体状态，这些详尽的数据为场景化传播提供了坚实的基础。在多种技术的助力下，传播不再受限于单一媒介，而是通过各种媒介间的协同合作，为用户创造出一种多感官、全方位的沉浸式传播场景。③

融媒体时代，场景化变革的核心在于新闻产品通过数据

---

① 参见徐嫣、滕鲁阳：《全息媒体：新闻生产的场景化思维》，载《军事记者》2019 年第 6 期。

② 参见刘新传：《场景、关系与算法：媒体融合创新的三重维度》，载《新闻战线》2018 年第 23 期。

③ 参见刘茜、欧阳宏生：《场景力：移动时代传媒核心竞争力》，载《新闻战线》2018 年第 1 期。

可视化技术、多媒体融合技术以及虚拟现实技术，为读者带来前所未有的沉浸式体验。这种体验打破了传统以文字、图片为主的静态传播方式，让新闻图片、视频、文字等各种元素得以深度融合，为读者呈现出生动逼真的新闻场景。与此同时，这种融合报道的形式也使信息以交互体验的方式得以展现。① 受众不再是被动的信息接收者，而是可以主动参与其中，根据自己的兴趣和需求选择不同的新闻报道方式。这种互动性和选择权的增加，进一步提高了受众的参与感、互动感和真实感。例如，在 2016 年的里约奥运会中，CCTV5 微信公众号与 VR 技术相融合，创新推出了“全景夺金”互动游戏。该游戏巧妙利用真实拍摄的奥运会赛场、演播厅以及街景素材，打造出一个令人仿佛置身其中的沉浸式体验场景。更为出色的是，即便观众没有佩戴 VR 设备，也能通过微信客户端轻松体验 VR 全景，并参与精彩纷呈的赛事游戏。这一游戏通过技术手段模拟出了一个虚拟的物理空间，让观众在参与的过程中感受到强烈的“在场感”，仿佛身临其境地感受奥运会的魅力。

2021 年全国两会期间，新华社与北京移动联手，推出沉浸式 VR 新闻《听会》。该作品运用 VR 技术重构人民大会

---

① 参见李彪、刘泽溪：《思维、创意与技术：融媒体时代传媒产品的生产路径创新》，载《新闻战线》2018 年第 9 期。

堂场景，结合5G+8K和3D建模，打破时空界限，观众可以跟随镜头的切换，与现场人员同步关注会议的进程。[①] 还有美国的新闻作品《监禁之后》，这是一则深度挖掘真实事件的沉浸式VR新闻作品，该作品深入揭示了缅因州监狱中肯尼·摩尔的长期单独监禁生活。该作品采用先进的摄影测量和体视摄影技术，结合VR的“沉浸性”与“交互性”，为观众打造了一个高度真实的监狱环境。观众可360度探索狭窄牢房，仿佛置身其中，聆听犯人的嘈杂声，感受肯尼·摩尔的绝望与挣扎。[②] 这种体验极具冲击力和震撼力，使观众对监狱生活有了更深刻的认识。该新闻作品荣获2017年全美网络新闻奖的沉浸式报道卓越表现奖，堪称沉浸式报道的典范。[③]

在数字化浪潮的推动下，媒体融合已成为不可逆转的趋势，而场景化作为媒体融合的重要一环，正日益凸显其独特魅力。通过深入挖掘场景化的潜力，媒体得以更加精准地满足受众的多元化需求，打造出沉浸式的体验，使新闻报道和

---

① 参见燕春：《新媒体时代下沉浸式VR新闻浅析——以新华社全国两会沉浸式新闻〈听会〉为例》，载《采写编》2021年第12期。

② 参见徐嫣、滕鲁阳：《全息媒体：新闻生产的场景化思维》，载《军事记者》2019年第6期。

③ 参见张颖：《沉浸式VR新闻——创新、交互与真实的碰撞》，载网易网2018年10月17日，https://www.163.com/dy/article/DUBJQBHN05148AOV.html。

信息传播更具吸引力和感染力。同时，媒体融合则打破了传统媒体的界限，实现内容、技术、渠道等多方面的深度融合，为受众带来更加丰富多彩的信息服务，使各种媒介形态得以无缝对接，形成强大的传播合力。在场景化与媒体融合的双重推动下，媒体行业将不断焕发新的活力，创造出更多具有创新性的实践成果。

诚然，对于媒体融合发展而言，不管相关技术发展到何种程度，始终是方式手段渠道。无论是传统媒体还是新媒体，都无法单纯依靠技术做好产品，最终立足点仍要回归内容，而不能陷入唯技术至上的技术决定论误区。只有辩证看待信息革命成果，将技术赋能与“内容为王”、创新驱动的理念和策略紧密结合起来，才能真正为媒体“深融”提供不竭的助力，推动实现融合发展新突破。唯有搞懂活用各种技术，才能更好地顺应、融入和助推媒体融合进程，提升法治新闻舆论工作质效。

第六章　媒体融合发展的政策原则与目标任务

当前，媒介融合和新媒体传播规律推动媒体的创新与变革，媒体融合发展已然处在一个重要的机遇期。融合发展是媒体的一场自我革命，不进则退。[①] 推动传统媒体和新兴媒体融合发展，是以习近平同志为核心的党中央着眼于巩固宣传思想文化阵地、壮大主流思想舆论，作出的一项重大战略部署。[②] 本章介绍媒体融合发展的政策原则和目标任务。

一、媒体融合发展的政策原则

党的十八大以来，以习近平同志为核心的党中央深刻把

---

① 参见新华通讯社课题组：《学习习近平关于新闻舆论的重要论述》，新华出版社 2022 年版，第 144 页。

② 参见新华通讯社课题组：《学习习近平关于新闻舆论的重要论述》，新华出版社 2022 年版，第 13 页。

握时代发展大势和媒体发展规律，作出了推动传统媒体和新兴媒体融合发展的战略部署。从顶层设计的视角看，媒体融合发展的基本历程大致经历了酝酿出台、全面推进和纵深发展三个阶段。①

2013 年 8 月 19 日，习近平总书记在全国宣传思想工作会议上强调："手段创新，就是要积极探索有利于破解工作难题的新举措新办法，特别是要适应社会信息化持续推进的新情况，加快传统媒体和新兴媒体融合发展，充分运用新技术新应用创新媒体传播方式，占领信息传播制高点。"② 2013 年 11 月，党的十八届三中全会提出，要整合新闻媒体资源，推动传统媒体和新兴媒体融合发展。这是"媒体融合"第一次写入党中央全会公报，成为全党共识与统一意志。2014 年 8 月，《关于推动传统媒体和新兴媒体融合发展的指导意见》的政策颁布，就推动传统媒体和新兴媒体融合发展问题作出明确的指示和部署。因此，2014 年又被称为"媒体融合元年"。③

---

① 参见中共中央宣传部干部局组织编写：《新时代宣传思想工作》，学习出版社 2020 年版，第 58 ~ 59 页。

② 中共中央文献研究室编：《习近平关于全面深化改革论述摘编》，中央文献出版社 2014 年版，第 84 ~ 85 页。

③ 参见朱春阳、刘波洋：《媒体融合的中国进路：基于政策视角的系统性考察（2014—2023 年）》，载《新闻与写作》2023 年第 11 期。

2016 年 2 月 19 日，习近平总书记在党的新闻舆论工作座谈会上强调："融合发展关键在融为一体、合而为一。要尽快从相'加'阶段迈向相'融'阶段，从'你是你、我是我'变成'你中有我、我中有你'，进而变成'你就是我、我就是你'着力打造一批新型主流媒体。"① 2018 年 8 月，习近平总书记在全国宣传思想工作会议上提出："要扎实抓好县级融媒体中心建设，更好引导群众、服务群众。"② 2018 年 11 月，中央全面深化改革委员会第五次会议审议通过《关于加强县级融媒体中心建设的意见》，指明了县级融媒体中心建设的基本思路。

2019 年 1 月 25 日，习近平总书记在中央政治局就全媒体时代和媒体融合发展举行第十二次集体学习时强调："要运用信息革命成果，推动媒体融合向纵深发展，做大做强主流舆论，巩固全党全国人民团结奋斗的共同思想基础，为实现'两个一百年'奋斗目标、实现中华民族伟大复兴的中国梦提供强大精神力量和舆论支持。"③ 2019 年 10 月，党的十

① 中共中央文献研究室编：《习近平关于社会主义文化建设论述摘编》，中央文献出版社 2017 年版，第 46 页。

② 《习近平：举旗帜聚民心育新人兴文化展形象 更好完成新形势下宣传思想工作使命任务》，载《人民日报》2018 年 8 月 23 日，第 1 版。

③ 《习近平：推动媒体融合向纵深发展　巩固全党全国人民共同思想基础》，载《人民日报》2019 年 1 月 26 日，第 1 版。

九届四中全会通过的《中共中央关于坚持和完善中国特色社会主义制度、推进国家治理体系和治理能力现代化若干重大问题的决定》提出，建立以内容建设为根本、先进技术为支撑、创新管理为保障的全媒体传播体系。2020年6月，习近平总书记主持召开中央全面深化改革委员会第十四次会议，审议通过《关于加快推进媒体深度融合发展的指导意见》。2020年9月，中共中央办公厅、国务院办公厅印发《关于加快推进媒体深度融合发展的意见》。2020年10月，党的十九届五中全会通过《中共中央关于制定国民经济和社会发展第十四个五年规划和二〇三五年远景目标的建议》，明确提出推进媒体深度融合，实施全媒体传播工程，做强新型主流媒体，建强用好县级融媒体中心。媒体融合发展逐步成为国家战略。党的二十大报告指出，要“加强全媒体传播体系建设，塑造主流舆论新格局”。

2019年1月25日，习近平总书记主持中共十九届中央政治局第十二次集体学习时明确指出：“正能量是总要求，管得住是硬道理，现在还要加一条，用得好是真本事。”① 这是推动媒体融合向纵深发展的大方向和总原则。② 具体

① 习近平：《论党的宣传思想工作》，中央文献出版社2020年版，第356页。

② 参见中共中央宣传部干部局组织编写：《新时代宣传思想工作》，学习出版社2020年版，第59～60页。

包括：

一是坚持媒体融合的正确政治方向。坚持党性原则，把党管宣传、党管意识形态、党管媒体贯彻始终，管建同步、管建并举，确保媒体融合发展站得高、立得稳、走得远。[①]坚持正确舆论导向，牢牢掌握舆论场主动权和主导权，无论什么形式的媒体，无论网上还是网下，无论大屏还是小屏，都不能存在“舆论飞地”。坚持正面宣传为主，大力弘扬主旋律、传播正能量，做大做强主流舆论，巩固全党全国人民团结奋斗的共同思想基础。坚守社会责任，强化价值引领，用社会责任规范内容生产，以优质平台聚合思想力量，以价值含量驾驭信息流量，[②] 实现社会效益和经济效益的统一。

二是坚持一体化发展理念。媒体融合是一场深刻的变革，是媒体产业稀缺资源的再配置。[③] 融合发展、一体化发展，既不是在传统媒体基础上“叠加”新媒体，也不是用新兴媒体“消化”传统媒体。[④] 这就要求打破观念、体制、技

① 参见石佳：《推动媒体融合发展国家战略的根本遵循——学习习近平总书记关于推动媒体融合发展重要论述》，载《新湘评论》2023 年第 16 期。

② 参见双传学：《坚定不移推动媒体融合向纵深发展》，载《中国报业》2020 年第 9 期。

③ 参见何又华：《一体化理论视野下的媒体融合实践》，载《南方传媒研究》2023 年第 4 期。

④ 参见新华通讯社课题组：《学习习近平关于新闻舆论的重要论述》，新华出版社 2022 年版，第 138 页。

术等方面的藩篱，通过流程优化、平台再造，实现各种媒介资源、生产要素有效整合，实现信息内容、技术应用、平台终端、人才队伍、管理手段共融互通，催化融合质变，放大一体效能，使传统媒体和新兴媒体迭代发展、优势互补，充分发挥媒体融合整体优势，[①] 实现“1 + 1 > 2”的协同效应。

三是坚持移动优先策略。媒体融合发展是主流媒体突破传播枷锁和流量瓶颈的必经之路，移动优先则是主流媒体实现媒体融合发展的有效方法。[②] 从前景看，手机等移动端仍将是未来较长时期新闻行业的主战场，加强与社交媒体的合作、布局移动领域、优先发展手机新闻，将是未来媒体发展的重点所在。[③] 这要求我们顺应移动化趋势，把握移动化特点，充分利用移动传播技术，打造与主流媒体品格和气质相一致的精品内容，让主流媒体牢牢占据舆论引导、思想引领、文化传承、服务人民的传播制高点。[④] 要主动把关注点向移动端转移，确保最大限度地满足用户信息需求，在移动

① 参见中共中央宣传部干部局组织编写：《新时代宣传思想工作》，学习出版社 2020 年版，第 60 页。

② 参见江菲飞：《移动优先视角下主流媒体的探索与应用——以新华社客户端为例》，载《出版广角》2022 年第 16 期。

③ 参见许海涛：《对媒体融合发展现状及特点分析与趋势思考》，载《记者摇篮》2019 年第 5 期。

④ 参见中共中央宣传部干部局组织编写：《新时代宣传思想工作》，学习出版社 2020 年版，第 60 页。

端集聚用户，在服务中实现引导。[①]

四是坚持走全媒体时代群众路线。在新的历史背景下，基层舆论主体转向多元化，传播舆论生态复杂性增加，[②] 如何深刻理解群众路线、创新实践群众路线，让群众路线成为深度融合发展的制胜法宝，是主流媒体必须回答的时代之问、现实之考。[③] 坚持以人民为中心的工作导向，深刻认识新闻舆论工作本质上是群众工作，创新实践党的群众路线，把党的优良传统和新技术新手段结合起来。强化媒体与受众的连接，以开放平台吸引广大用户参与信息生产传播，生产群众更喜爱的内容，建构群众离不开的渠道。

五是坚持以内容建设为根本。伴随网络信息技术发展，新闻传播的表现形式极大丰富，各种应用、特效层出不穷，但同时，存在“重渠道、重形式、重情绪”“轻内容”的倾向，垃圾信息过度泛滥。[④] 优质内容是媒体生存发展的核心

① 参见何建全、张斌：《坚持移动优先为传播方向的紧迫性》，载《传媒论坛》2018年第21期。

② 参见郑佳欣、黄稚蓥：《走好全媒体时代群众路线：主流媒体下沉策略探索与实践》，载《南方传媒研究》2022年第6期。

③ 参见双传学：《全媒体时代群众路线的知与行》，载《中国记者》2021年第10期。

④ 参见新华通讯社课题组：《学习习近平关于新闻舆论的重要论述》，新华出版社2022年版，第145页。

竞争力，“内容为王”永不过时。[①] 对新闻媒体来说，内容创新、形式创新、手段创新都重要，但内容创新是根本。[②] 网络时代众声喧哗，越是传播方式多样化，越要坚持“内容为王”；越是信息海量供给，越要增强“内容为王”的定力。[③] 通过加快内容领域供给侧结构性改革，保持内容定力，发挥内容优势，增强对象意识，不断加大优质内容供给。

六是坚持以先进技术为支撑。媒体融合是一次以技术创新为引领的媒体变革。[④] 没有先进技术，再好的内容也走不远、传不开。当前，技术创新全面介入媒体的用户分析、内容生产、产品分发等环节，不断增强新闻信息生产、传播、服务能力，成为媒体融合发展的基础和动力。[⑤] 媒体融合逐渐在技术的广泛赋能下，向无界、多元立体的融合关系发

---

① 参见李永、赵晓明：《主流新媒体“内容为王”的新内涵新实践》，载《全媒体探索》2023 年第 3 期。

② 参见石佳：《推动媒体融合发展国家战略的根本遵循——学习习近平总书记关于推动媒体融合发展重要论述》，载《新湘评论》2023 年第 16 期。

③ 参见双传学：《坚定不移推动媒体融合向纵深发展》，载《中国报业》2020 年第 9 期。

④ 参见成鹏、王熠、苏宇：《从“变”与“不变”看国社媒体融合十年技术发展历程》，载《中国传媒科技》2022 年第 11 期。

⑤ 参见新华通讯社课题组：《学习习近平关于新闻舆论的重要论述》，新华出版社 2022 年版，第 146 ~ 167 页。

展，向“连续统一体”的融合状态发展。[①] 只有依托先进技术，综合运用多媒体表现形式，以多样化的展示、多介质的推送，实现内容产品从可读到可视、从静态到动态、从一维到多维的升级，[②] 才能使技术更好地服务于媒体内容生产、呈现和传播。

七是坚持以改革创新为动力。媒体融合本身就是一场改革创新。[③] 这就要求全面把握媒体融合发展的趋势和规律，突出问题导向，强化理念观念、内容技术、体制机制、管理方式创新，以深化改革推进深度融合，进一步激发媒体活力，释放新闻生产力。[④] 以创新管理为保障，大胆探索媒体融合发展的模式和路径，在信息内容、技术应用、平台终端、媒体布局等方面做出特色、体现优势，实现集约化、差异化、高效率发展。

---

① 参见刘冰杰：《新技术集群下传统媒体与智能媒体融合发展的新转向》，载《东南传播》2023 年第 3 期。

② 参见新华通讯社课题组：《学习习近平关于新闻舆论的重要论述》，新华出版社 2022 年版，第 147 页。

③ 参见崔忠芳：《宋建武：媒体融合本身就是一场改革创新》，载《中国广播影视》2020 年第 16 期。

④ 参见中共中央宣传部干部局组织编写：《新时代宣传思想工作》，学习出版社 2020 年版，第 60 页。

二、媒体融合发展的目标任务

当前，我国发展进入战略机遇和风险挑战并存、不确定难预料因素增多的时期，各种“黑天鹅”“灰犀牛”事件随时可能发生。在舆论生态和媒体格局调整变动之际，建设具有强大凝聚力和引领力的社会主义意识形态，成为全党特别是宣传思想文化战线必须担负起的战略任务。社会主义意识形态的凝聚力和引领力，既取决于富有说服力、感召力的内容，也取决于广泛有效的传播。面对互联网传播新生态、技术发展新态势、舆论引导新阵地，[①] 推动媒体融合发展的首要目标，是牢牢掌握意识形态工作主动权，高举旗帜，引领大局，[②] 巩固和发展主流意识形态。据此，媒体融合发展的直接目标，即打造新型主流媒体，构建全媒体传播体系，从而占领全媒体信息传播制高点。其主要任务，可以概括为三个“四”，即不断提升新闻舆论“四力”，积极建设“四全”媒体传播体系，健全完善“四级”媒体融合发展布局。

一是不断提升新闻舆论“四力”，即传播力、引导力、影响力、公信力。为应对复杂多变的舆论环境，党的十九大

① 参见宗辉：《媒体融合：概念、目标、实践》，载《中国广播电视学刊》2022 年第 5 期。

② 参见张英培、胡正荣：《从媒体融合到四级融合发展布局：主流媒体发展改革的新阶段》，载《出版广角》2021 年第 1 期。

报告指出，要“坚持正确舆论导向，高度重视传播手段建设和创新，提高新闻舆论传播力、引导力、影响力、公信力”。2018 年 8 月 21 日，习近平总书记在全国宣传思想工作会议上的讲话中强调：“要把握正确舆论导向，提高新闻舆论传播力、引导力、影响力、公信力，巩固壮大主流思想舆论。”[①]

在新闻舆论“四力”中，传播力是指新闻媒体及其产品为传播对象所接受的能力和呈现的能力和力量；引导力是指新闻媒体将公众引至预期的舆论方向及在此过程中呈现的能力和力量；影响力是指新闻媒体受到公众关注，引起反响、激起共鸣、产生效应的能力和力量；公信力是指新闻媒体以其诚信表现获取受众信任回报的能力和力量。[②] 新闻舆论“四力”是一个紧密联系的系统整体，每一种能力和力量的地位和作用都是无可取代的。提升新闻舆论“四力”，能够更好地让新闻媒体夯实传播阵地，把握媒体传播规律和动态，从而更好地让受众感受到新闻信息的价值理念，发挥舆论引导作用。[③]

进入信息高速流转、人与人之间沟通手段多元化、各种

---

① 习近平：《论党的宣传思想工作》，中央文献出版社 2020 年版，第 340 页。

② 参见丁柏铨：《论新形势下新闻舆论“四力”提升》，载《中国出版》2022 年第 20 期。

③ 参见饶雪蓉：《以高质量发展提升新闻舆论“四力”》，载《媒体融合新观察》2022 年第 5 期。

新闻事件瞬间迅速扩大的新时代后，新闻舆论具有时效性更快更强，角度更多样化、内容更宽泛，信息量繁杂且不易辨别等新的特点。[①] 社会舆论的日趋复杂和调控难度的增加，以及传播格局的多元化和传授主体间的角色互换与重合，对提升新闻舆论“四力”提出了巨大挑战。[②] 尤其是传统媒体与新媒体之间融合发展的不平衡性，导致传播形式单一、受众面窄，以及媒体引导力、公信力降低等问题，[③] 在一定程度上影响着新闻舆论“四力”的提升。

立足新闻舆论工作的新形势、新任务和新要求，必须不断强化互联网思维，在促进新时代我国主流媒体融合健康有序发展的基础上，构建以传播力为基础、引导力为方向、影响力为目标、公信力为保障的新闻舆论传播体系。[④] 同时，既注重“横向”传播，确保受众接收到的信息内容广泛而丰

---

① 参见段夕红：《融媒时代如何提升新闻舆论“四力”》，载《中国报业》2022 年第 10 期。

② 参见许向东、吴洁：《提升主流媒体新闻舆论“四力”》，载《中国社会科学报》2022 年 6 月 9 日，第 A03 版。

③ 参见管洪：《提升新闻舆论“四力”的科学方法论》，载《新闻战线》2022 年第 6 期。

④ 参见许向东、吴洁：《提升主流媒体新闻舆论“四力”》，载《中国社会科学报》2022 年 6 月 9 日，第 A03 版。

富，又注重“纵向”传播，确保信息内容准确而有深度，[①]充分发挥新型主流全媒体“领头羊”作用，[②]提升正面宣传的到达率、阅读率、点赞率。

二是积极建设“四全”，即“全程、全息、全员、全效”的全媒体传播体系。2019 年 1 月 25 日，习近平总书记主持中共十九届中央政治局第十二次集体学习时的讲话中指出：“全媒体不断发展，出现了全程媒体、全息媒体、全员媒体、全效媒体，信息无处不在、无所不及、无人不用，导致舆论生态、媒体格局、传播方式发生深刻变化，新闻舆论工作面临新的挑战。”[③]这个重大论断，是对媒体变革最新趋势的精辟概括，[④]也是首次提出“四全”媒体和信息“三无”的概念。在此次讲话中，习近平总书记进一步强调，“要形成资源集约、结构合理、差异发展、协同高效的全媒体传播体系……运用信息革命成果，加快构建融为一体、合而为一的全媒体传播格局”[⑤]。

---

① 参见段夕红：《融媒时代如何提升新闻舆论“四力”》，载《中国报业》2022 年第 10 期。

② 参见沈正赋：《论新闻舆论“四力”发展的动力建构》，载《现代传播（中国传媒大学学报）》2022 年第 1 期。

③ 习近平：《论党的宣传思想工作》，中央文献出版社 2020 年版，第 354 页。

④ 参见新华通讯社课题组：《学习习近平关于新闻舆论的重要论述》，新华出版社 2022 年版，第 136 页。

⑤ 习近平：《论党的宣传思想工作》，中央文献出版社 2020 年版，第 355～356 页。

在“四全”媒体传播体系中，全程意味着突破传统时空局限，传播随时随地都可以发生，实现持续在线的传播状态和全流程的传播环节；[①] 全息意味着突破传播方式局限，所有数据都可以变成信息，信息传播更为多元、立体、智能和便捷；全员意味着突破传播主体局限，人人都可能成为信息源，从一对多传播变成多对多传播，互动分享性极大增强，社交媒体就是鲜明的颠覆式传播形态，相当于全民办台、办报；[②] 全效意味着突破传播功能局限，实现内容、信息、社交、服务等的功能集成，大大提升传播质效。可见，“四全”媒体所呈现的全流程、全体验、全参与和全功能，不仅意味着媒体种类之“全”，更涵盖信息生产模式、内容表现形式、传播主体互动、传播效能提升等多个方面，它的形成与发展日益成为新媒体时代的显著特征，其背后是全方位、全流程、全链条的深刻革命。[③]

立足国家战略的角度，媒体融合实际上旨在建成一个全媒体的传播体系，最终赋能中国式现代化，而“四全”媒体

① 参见罗昕、张瑾杰：《全媒体传播体系的基本内涵、评价标准与建设路径》，载《中国编辑》2023 年第 10 期。

② 参见宗辉：《媒体融合：概念、目标、实践》，载《中国广播电视学刊》2022 年第 5 期。

③ 参见新华通讯社课题组：《学习习近平关于新闻舆论的重要论述》，新华出版社 2022 年版，第 137 页。

传播体系的建设，稳健迈开了我国媒体融合的重要一步。但是，在探索全媒体传播体系建设的具体实践中，仍存在优质内容产能不足、体制机制不匹配、全媒体人才短缺等一些亟待解决的困难和问题，急需以主流媒体的融合实践推进“四全”媒体传播体系的建设升级。[①] 推动全媒体传播体系建设，必须着眼“四全”媒体属性特征和实践要求，在打破时空维度、物理屏蔽、主体围墙和功能限制等方面多下功夫，提速传播链条，增强受众通感，促进多向互动和增强媒体黏合。[②] 在此基础上，不断推动资源整合、流程优化、机制创新和人员迭代，实现技术应用、内容信息、管理手段的共通共融，从而达到传播效率、效果和效能的最大化。

三是健全完善中央、省、市、县“四级”媒体融合发展布局。2020 年 9 月，中共中央办公厅、国务院办公厅印发的《关于加快推进媒体深度融合发展的意见》指出，“完善中央媒体、省级媒体、市级媒体和县级融媒体中心四级融合发展布局”。推动“四级”媒体融合发展是适应媒体格局深刻变化、巩固宣传思想文化阵地、壮大主流思想舆论的必然选择，是更好地传播党和政府声音、更好地满足人民群众信息

① 参见刘琛：《如何理解把握“四全”媒体内涵要求》，载《新湘评论》2023 年第 16 期。

② 参见刘冕：《打造“四全媒体”创新融合传播》，载《新闻战线》2023 年第 14 期。

需求的重要途径。[①] 从整体上看，各级主流媒体在配套政策、享有资源、运营模式、收入规模、人事编制等具体规制方面不尽相同，各级媒体必须认清媒体融合发展进程中各自的定位和功能，从而各安其位、各司其职、各尽其责，[②] 共同构筑起“四级”媒体融合发展的良好生态。

就中央媒体而言，其传播范围覆盖全国，参与国家层面的社会治理工作，[③] 作为主流舆论阵地的第一梯队，肩负着建立全媒体传播体系，强化舆论主阵地传播力影响力，牢牢掌握意识形态工作主导权的职责使命。除以先进技术深化内容生产的供给侧结构性改革，积极构建智慧型全媒体生态体系，成为国内主流媒体的“排头兵”“领航者”“压舱石”，做到“联接中外，沟通世界”之外，其更重要的是发挥意识形态领域领跑带头作用，打造主流价值引领范式，[④] 使正能量更强大，主旋律更昂扬。

就省级媒体而言，其和中央媒体一样，肩负着为下属区

① 参见卢剑锋：《“四级媒体”融合发展的现状和特点》，载《传媒》2023 年第 20 期。

② 参见张英培、胡正荣：《从媒体融合到四级融合发展布局：主流媒体发展改革的新阶段》，载《出版广角》2021 年第 1 期。

③ 参见胡正荣、蒋东旭：《全媒体传播体系与四级融合新发展格局》，载《中国编辑》2021 年第 5 期。

④ 参见张英培、胡正荣：《从媒体融合到四级融合发展布局：主流媒体发展改革的新阶段》，载《出版广角》2021 年第 1 期。

域内的市县级媒体融合转型发展提供理念指导和技术支持，高效完成媒体生产全过程的沟通、调度和指挥职责，从而实现融媒体平台和资源整合，汇聚发展态势。[①] 这就要求省级媒体在省域范围内积极搭建“一省一平台”“全省一朵云”，建设县级融媒体中心的共用平台，达到全省范围内的数据连通、整合传播与社会治理，[②] 发挥中流砥柱和骨干作用。具体而言，省级媒体作为融媒体时期媒体系统的主要构成部分，必须组建一个系统的区域化媒体子系统以联通市县媒体资源。同时，省级媒体还需在“四级”媒体系统中保留弹性，给予地方媒体发展的空间和活力，避免市县重复建设和媒体产能过剩，[③] 实现统筹兼顾。

就市级媒体而言，其上接省级融媒体，下连所辖范围内的县级融媒体中心，担负着媒体融合的艰巨任务。[④] 城市是现代社会的构成中心，如果说省级媒体是省域的传媒“航母”和流通中介，那么市级媒体就应作为区域化的传播节点

---

① 参见胡正荣：《完善推进四级融合布局 加速全媒体传播体系建设》，载《广播电视信息》2020 年第 11 期。

② 参见胡正荣、蒋东旭：《全媒体传播体系与四级融合新发展格局》，载《中国编辑》2021 年第 5 期。

③ 参见张英培、胡正荣：《从媒体融合到四级融合发展布局：主流媒体发展改革的新阶段》，载《出版广角》2021 年第 1 期。

④ 参见胡正荣、蒋东旭：《全媒体传播体系与四级融合新发展格局》，载《中国编辑》2021 年第 5 期。

存在，服务于地方的政治、经济、文化和社会建设。[①] 相对于中央媒体和省、县级媒体建设的大力推进，市级媒体的融合步伐则稍显缓慢。[②] 近年来，市级媒体为最大限度摆脱“腰部媒体”的尴尬，[③] 一直在实践中探索自身融合路径，因地制宜、寻求突破，走出了不尽相同的融合模式。总之，市级媒体要在借助媒体技术将全市各行业各领域充分连接起来，努力将自身打造成一个兼顾政务、服务、商务的城市便民平台和智慧城市的媒介依托的同时，[④] 按照“四级”媒体融合发展分工，积极发挥好市域节点承上启下的重要作用。

就县级媒体而言，其作为国家媒体系统的基本单元，是中央媒体和省、市级媒体向下延伸扩散的载体，也是直接接触基层群众的“神经末梢”，是媒体融合的“最后一公里”。[⑤] 2018 年 11 月，中央全面深化改革委员会第五次会议

---

① 参见张英培、胡正荣：《从媒体融合到四级融合发展布局：主流媒体发展改革的新阶段》，载《出版广角》2021 年第 1 期。

② 参见胡正荣：《完善推进四级融合布局 加速全媒体传播体系建设》，载《广播电视信息》2020 年第 11 期。

③ 参见蒋跃：《四级媒体联动背景下地市级党报媒体融合发展初探》，载《中国地市报人》2023 年第 4 期。

④ 参见张英培、胡正荣：《从媒体融合到四级融合发展布局：主流媒体发展改革的新阶段》，载《出版广角》2021 年第 1 期。

⑤ 参见张英培、胡正荣：《从媒体融合到四级融合发展布局：主流媒体发展改革的新阶段》，载《出版广角》2021 年第 1 期。

审议通过的《关于加强县级融媒体中心建设的意见》，明确了组建县级融媒体中心的任务要求。2019 年 1 月，中宣部和国家广播电视总局联合发布《县级融媒体中心建设规范》，国家广播电视总局发布《县级融媒体中心省级技术平台规范要求》。中央关于全国县级融媒体中心建设的指导意见相继出台，为推动媒体融合向纵深发展、向区县下沉，构建层次多级、立体多样的现代传播体系奠定了基础。目前，县级媒体的融合实践进程要远大于中央媒体和省、市级媒体。① 针对县级区域信息传播存在的信息内容短缺、受众范围有限、信息互动渠道不畅、运营管理困难等短板难题，县级融媒体中心建设努力在补短板、调结构、强实力、增影响上下功夫，② 已经基本完成创新体制机制、重塑组织架构、构建融合矩阵、优化生产流程等基础建设，政务、商务、公益等服务水平也在稳步提升。③ 今后，县级融媒体中心有望在继续充分利用上级媒体提供的资源平台基础上，大力向公共服务和社会治理领域拓展，为推动基层宣传工作高质量发展、提高社会综合治理水平作出更大贡献。

---

① 参见胡正荣：《完善推进四级融合布局 加速全媒体传播体系建设》，载《广播电视信息》2020 年第 11 期。

② 参见新华通讯社课题组：《学习习近平关于新闻舆论的重要论述》，新华出版社 2022 年版，第 142 页。

③ 参见卢剑锋：《“四级媒体”融合发展的现状和特点》，载《传媒》2023 年第 20 期。

第七章　法治领域媒体深度融合发展的实践要求

党的十八大以来，法治新闻舆论工作始终坚持以习近平新时代中国特色社会主义思想为指导，深入学习宣传贯彻习近平法治思想、习近平文化思想，积极履行为司法行政事业发展凝聚强大正能量，为推进全面依法治国伟大进程营造昂扬向上的舆论氛围的重要职责使命，取得明显成效。新时代新征程，要求聚焦统筹协调抓好全面依法治国工作落实，推进立法、依法行政、刑罚执行、公共法律服务、涉外法治等相关职能，推动媒体融合不断向纵深发展，着力统筹好系统内部各级各类媒体之间的关系，致力于形成网上网下一体、内宣外宣联动的协同高效格局，让法治领域正能量更强劲、主旋律更高昂。

一、坚持"内容为王"打造优质法治融媒体产品

近年来，法治领域媒体深度融合发展成效显著。在中央

网信办通报表扬的“2023 年度走好网上群众路线百个成绩突出账号”中，政法类新媒体账号就占了 17 个。[①] 当前，法治领域媒体深度融合发展仍存在短板弱项，有内涵的法治新闻舆论精品并未形成规模，“出圈”产品并不多见，且宣传矩阵建设仍有较大空间，尚未做到“横向到边，纵向到底”。因此，紧跟媒体融合“高速快车”，加快实现资源整合、平台聚合、载体融合，形成“一盘棋”、奏响“大合唱”，是法治领域媒体深度融合发展的应有之义和重要方面。

内容创新是根本，是媒体的核心竞争力。优质内容是媒体生存发展的核心竞争力，“内容为王”永不过时。随着媒体融合向纵深发展，“内容为王”内涵更加丰富、动能更加充沛。[②] 推动法治领域媒体深度融合发展，首要的任务就是加强内容创新，以内容优势赢得发展优势。[③] 这就要求保持内容定力，发挥内容优势，增强对象意识，以传播正确价值观为引领，综合运用全媒体方式、大众化语言、艺术化形式制作产品，打造更多群众喜爱、刷屏热传的优质内容。

---

① 参见《中央网信办通报表扬 2023 年度走好网上群众路线百个成绩突出账号》，载光明网，https://topics. gmw. cn/qzlx/2024 – 01/16/content 37091664. htm。

② 参见李永、赵晓明：《主流新媒体“内容为王”的新内涵新实践》，载《全媒体探索》2023 年第 3 期。

③ 参见新华通讯社课题组：《学习习近平关于新闻舆论的重要论述》，新华出版社 2022 年版，第 145 页。

一是加强选题策划和宣传牵动。围绕全面依法治国重点宣传任务，强化矩阵群策群力作用，精心研究确定宣传主题和内容。特别是在重要时间节点和重大活动宣传任务中做到提前策划，牵动系统新媒体宣传矩阵账号同步开展宣传，做到统一宣传、共同发力，形成宣传声势。以司法行政系统为例，2023 年选题策划大型联动共100 余次，特别是“公证减证便民提速”等公共法律服务进展成效等重点业务的宣传策划，受到人民群众的广泛欢迎和认可。

二是优化运营策略和内容分发。在现代信息技术推动下，传播活动应针对同一个新媒体平台多个账号的纵向矩阵，以及不同新媒体平台账号的横向矩阵，结合发布平台的受众特点和传播规律，进一步优化运营策略和内容分发。根据不同内容类型和发布频率，制定具体的创作和发布计划，对内容生产、传播策略进行个性化定制，做到量身定做、精准传播，避免简单重复的一稿多发。例如，在对最高人民法院、司法部联合召开的全国调解工作会议进行宣传报道时，微信公众号平台主要发布主流媒体稿件单篇集纳式报道，微博平台主要发布篇幅较短的报道链接，抖音平台发布根据会议内容提炼加工的短视频，百家号平台则对会议成果文件进行全文发布，与此同时，对网络热议的会议相关话题进行提炼再加工，持续推出长图、访谈视频等形式丰富的融媒体产品，如全国调解工作会议宣传长图（见图 7 - 1）。

图 7－1　全国调解工作会议宣传长图

三是力争推出更多“爆款”产品。要积极与各互联网平台沟通合作，通过在重大主题宣传活动引导互联网平台开设专题页，并在首页重点位置推荐稿件等，全方位多视角讲好全面依法治国故事。以司法部策划的“四月的纪念·沿着司法行政英烈的足迹”系列专题报道为例（见图 7－2），经过各地司法行政新媒体矩阵自发转载相关稿件，形成了矩阵传播热潮，平台总推荐量达 2.2 亿次，相关话题登上微博、抖音、腾讯等热搜榜前 10 名。

图 7－2　司法部官网“四月的纪念·沿着司法行政英烈的足迹”专题页面

二、积极整合法治领域媒体资源提高传播效能

进入新媒体时代，新闻网站、“两微一端”几乎是媒体机构的“标配”，移动化、大数据、社交化成为媒体转型关键词，报纸、广播、电视等传统媒体与基于信息技术的新兴媒体有机融合，[①] 着力形成资源集约、结构合理、

① 参见新华通讯社课题组：《学习习近平关于新闻舆论的重要论述》，新华出版社2022年版，第138页。

差异发展、协同高效的全媒体传播体系。[①] 对于推动法治领域媒体深度融合发展而言，统筹好系统新媒体矩阵与主流新闻媒体、互联网新媒体平台的关系至关重要。这就要求深刻把握传播领域移动化、社交化、可视化趋势，整合不同平台的媒体资源，优化账号布局，从而最大限度提高传播能力。

一是加强全系统新媒体矩阵建设。以司法行政系统为例，目前已基本建成覆盖司法部、省（区、市）司法厅(局)、地市级司法局、县区司法局的四级新媒体矩阵，广泛吸纳各级司法行政单位入驻，沟通联络、选题征集、稿件报送等工作机制也已建立健全，协同效应不断扩大。

二是有效发挥"头部账号"引领带动作用。融媒体时代，建立具有可信度和真实性的品牌形象，提供准确、客观、可靠的新闻内容至关重要，[②] 日益成为法治主流媒体面对的一项重要课题。"头部账号"的运营者是确保正确宣传导向、凝聚法治主流舆论的责任主体和关键载体，借助数字化的传播技术与便捷的媒体平台，具有比其他网络账号更大的传播力、号召力和公信力。经过一段时间的发展，以司法

---

① 参见中共中央宣传部干部局组织编写：《新时代宣传思想工作》，学习出版社 2020 年版，第 62 页。

② 参见李红佳：《新闻传播在融媒体时代的发展路径研究》，载《新闻文化建设》2024 年第 3 期。

部官网和“两微一端”为“顶端”的司法行政系统新媒体与网站数量、发稿量、阅读量、新媒体账号总粉丝量不断攀升，在宣传国家法治建设进展成效方面发挥着越来越大的示范带动作用。

三是携手互联网新媒体平台同向发力。以司法部为例，其通过采取“请进来、走出去”相结合的方式，先后调研今日头条、百度、微博、“学习强国”等有代表性和影响力的平台单位，了解平台运营情况、AI 虚拟主播和人工智能技术在新闻舆论工作中的应用等，并逐步开展与各平台的协作发力，推出越来越多增强人民群众精神力量的优秀融媒体法治作品。

三、持续加大法治题材影视剧创作力度

影视作品形象生动、娱乐性强、受众面广、传播力持久，是人们认识世界、沟通心灵的生动载体和重要方式。[①] 推动法治领域媒体深度融合发展，积极开创法治题材影视剧创作新局面是应有之义。好的法治题材电影、电视剧、纪录片、网剧和微短剧作品，具有贴近人民、贴近生活，集法理、情理、道理于一体的独特优势，能够围绕群众普遍关心

① 参见中共中央宣传部干部局组织编写：《新时代宣传思想工作》，学习出版社 2020 年版，第 242 页。

的热点问题，从法治视角、法治思维切入，提出法治思考，推动尊法学法守法用法在全社会蔚然成风。随着经济社会的快速发展，人民群众的法治意识在不断增强，对法治的需求也在日益增长。相比之下，优质的法治影视作品创作还远远跟不上公众的需求，[①] 亟待进一步加大法治影视剧创作力度。

一是深入挖掘法治领域资源“富矿”。党的十八大以来，全面依法治国进程不断推进，法治题材影视剧创作团队着眼法治建设过程中涌现的典型人物事例，精耕细作，制作上映了一批高质量、影响大、有观众缘的法治题材影视佳作。其中比较有代表性的，包括中央政法委推出的《扫黑风暴》《狂飙》、最高人民法院推出的《小镇大法官》《底线》、最高人民检察院推出的《人民的名义》《巡回检察组》、公安部推出的《破冰行动》《湄公河行动》、国家安全部推出的《誓言今生》《国家机密 2》、司法部推出的《红纸鹤》《以法之名》等。应当看到，法治领域仍有许多尚未开发的“富矿”有待挖掘整理，需要政法部门加强与文艺创作团队的合作，挖好用足新时代法治建设实践“富矿”，创作出更多反映人民法治需求、传递正确法治理念、引领社会法治进步的

① 参见刘亭亭：《让优质法治题材影视作品“百花齐放”》，载《检察日报》2023 年 3 月 6 日，第 7 版。

好作品。

二是积极组建本系统专业影视机构。组建政法单位自己的专业影视机构，是推动法治题材影视剧创作的一条成功经验。目前，中央政法单位大都设立了专门的影视宣传工作机构，包括中央政法委政法综治信息中心、最高人民法院影视中心、最高人民检察院影视中心、公安部金盾影视文化中心等。上述隶属各政法单位的专业影视机构，在法治题材作品的选题策划制作、专业领域指导、实际拍摄协助等方面，发挥了不可替代的作用。例如，在中央政法委指导拍摄的电视剧《扫黑风暴》的拍摄过程中，中央政法委配备了一个由二三十人组成的专业指导团队，从公检法司各部门的角度为剧方提供咨询，[①] 确保了该电视剧作品的专业水准。

三是大力助推法治题材影视剧创作进程。积极协助筹拍反映法律职业共同体的影视剧，突出反映包括律师在内的优秀法律职业人忠于事实、忠于法律、追求公平正义、执业为民的职业素养和敬业精神。大力征集法治题材影视剧剧本、素材等，重点推动包括司法行政题材在内的政法题材影视剧本创作筹拍及宣传推广，打造更多思想精深、艺术精湛、制

---

① 参见陈晨：《如何拍好法治题材影视作品：尺度不是问题，普法才是关键》，载新浪网，https://www.thepaper.cn/newsDetail-forward_14950811。

作精良的法治影视佳作。持续强化法治题材影视剧创作的人财物保障，特别是在涉及法治题材影视剧创作的关键环节、关键领域给予强有力的政策支持。

下 篇

以法治新闻舆论工作现代化为指向

第八章　法治新闻舆论思想观念现代化

习近平总书记深刻指出："我们要建设的社会主义现代化强国，不仅要在物质上强，更要在精神上强。精神上强，才是更持久、更深沉、更有力量的。"① "中国式现代化既要物质财富极大丰富，也要精神财富极大丰富、在思想文化上自信自强。"② 当前，在伟大的中国式现代化的背景下和进程中，新闻舆论工作承担着重要的使命任务。一方面，新闻舆论工作需要在"以中国式现代化全面推进中华民族伟大复兴"这一大局下展开思考、组织行动，为中国式现代化打开新局面提供坚强思想保证和强大精神动力；另一方面，也是十分关键的任务，新闻舆论工作必须自觉成为中国式现代化

① 习近平：《论党的宣传思想工作》，中央文献出版社 2020 年版，第 395 页。

② 习近平：《中国式现代化是强国建设、民族复兴的康庄大道》，载《求是》2023 年第 16 期。

精神文明版图的重要内容和有机组成部分，不断促进这一事业加快实现自身的现代化。

一、确保正确政治方向是法治新闻舆论思想观念现代化的前提

法治是人类文明演进的制度成果，是迄今人类为驯服政治国家权力所找到的最有力的武器之一。[①] 法治也是中国共产党治国理政的基本方式。随着中国特色社会主义进入新时代，在强国建设、民族复兴新征程上，法治固根本、稳预期、利长远的保障作用将更加凸显。中国式法治现代化，是中国共产党领导的社会主义现代化和法治化融贯统一，沿着中国特色社会主义法治道路，以建设社会主义法治体系和法治国家为目标模式，在实现从法治大国到法治强国的根本转型过程中所形成的中华现代法治文明。[②]

司法行政是保证国家司法权有效实施、承担国家法治建设相应职责的行政活动。[③] 法治新闻舆论工作承担着为全面依法治国和司法行政事业推进营造良好舆论氛围的重要职

① 参见冯玉军：《在法治轨道上建设中国式现代化》，人民出版社 2023 年版，第 3 页。

② 参见冯玉军：《在法治轨道上建设中国式现代化》，人民出版社 2023 年版，第 138 页。

③ 参见蒋若薇、齐蕴博主编：《司法行政学》，法律出版社 2023 年版，第 15 页。

责，必须加快适应新形势新任务，尊重执法司法规律、新闻传播规律和互联网发展规律，创新方法手段，推动媒体深度融合发展，在服务中国式现代化的同时加快实现自我现代化，切实提高传播力、引导力、影响力、公信力，努力为壮大全面依法治国主流舆论作出应有贡献。从内容构成来看，法治新闻舆论工作现代化集思想观念、工作体系和工作能力、人才队伍等方面的现代化于一体，其中思想观念现代化至关重要，涵盖意识形态之“道”和思维方式之“器”两个维度，其中前者是基础和根本。

推动法治新闻舆论思想观念现代化，首要在于确保正确政治方向。新闻舆论具有鲜明的意识形态属性，是上层建筑、意识形态的重要组成部分，处在意识形态斗争的最前沿，对意识形态有重要的导向作用，新闻舆论的较量与斗争就是意识形态的较量与斗争。[①] 法治新闻舆论工作必须始终坚持党的领导和党性原则不动摇，坚持以习近平法治思想、习近平文化思想为指导，严格落实党管宣传、党管意识形态、党管媒体的原则，严格落实政治家办报、办刊、办网的制度规定，旗帜鲜明支持、肯定、推动中国式现代化，科学有效引导全社会认识、理解、认同中国式现代化。

① 参见新华通讯社课题组：《学习习近平关于新闻舆论的重要论述》，新华出版社2022年版，第46页。

二、思维方式现代化是法治新闻舆论思想观念现代化的集中表现

新闻舆论工作归根结底是做人的工作，事关思想与灵魂，是与媒介环境、舆论格局、思想交锋赛跑的工作。[①] 毋庸置疑，思维具有十分重要的价值，不仅能够直接指导实践活动，而且构成人类精神世界乃至精神文明的主要部分。[②] 进入新媒体时代，新闻舆论思维模式面临两个挑战：一是内容质量和真实性的挑战，二是信息碎片化和噪声化的挑战。[③] 在此背景下，法治新闻舆论思维模式与传统媒体时代有很大差异，其不仅作为传统媒体时代思维模式的延伸和补充，更代表一系列全新、多元化的现代化思维方式集合。知常明变者赢，守正创新者进，要保持思想的敏锐性和开放度，增强对时代的感知力、对形势的洞察力、对工作的引领力。[④]

一是法治思维。要求在法治宣传报道策划、观点主张阐

---

① 参见李文武主编：《做好新时代宣传思想工作》，人民日报出版社 2021 年版，第 33 页。

② 参见梁作民主编：《当代思维哲学》，人民出版社 2003 年版，第 3 页。

③ 参见吴娟蝶：《浅谈在新媒体时代下新闻思维模式的转变》，载新浪财经网 2023 年 8 月 12 日，https://t.cj.sina.com.cn/articles/view/7517400647/1c0126e47059046r1a。

④ 参见中共中央宣传部干部局组织编写：《新时代宣传思想工作》，学习出版社 2020 年版，第 324 页。

释、舆情研判引导、平台运行维护等各环节各方面，都崇尚和信仰法治，用法律精神指引并规范职业活动，[①] 遵循法律原则、法律规则、法律方法来思考、分析和解决问题，最大限度体现和实现法律价值及效果。具体包括规则思维[②]、程序思维[③]等。

二是系统思维。要求把法治新闻舆论工作放到经济社会发展的大环境中联系起来分析、统筹起来谋划，善于在法治与国家社会生活其他方面相互依赖、相互影响的“关系态”中把握法治、讲述法治，从而立体全方位地传递法治声音、传播法治正能量。具体包括全局思维[④]、场景思维[⑤]、焦点模式思维[⑥]等。

三是问题思维。要求在新形势下，面对法治领域“黑天鹅”“灰犀牛”事件时有发生、法治新闻舆论工作面临的挑

---

① 参见王舸：《司法行政哲学》，中国政法大学出版社2014年版，第81页。

② 参见吴传毅：《法治思维的基本向度与运用逻辑——基于法治实践的考量》，载《党政论坛》2021年第1期。

③ 参见黄蕊：《法治思想指引下的程序思维研究》，载《华章》2024年第2期。

④ 参见徐俊：《以全局思维探索党报重大主题报道的新思路——以〈成都日报〉党的二十大新闻报道为例》，载《城市党报研究》2023年第1期。

⑤ 参见施金果：《浅析场景思维下新媒体深度新闻报道的创新路径》，载《新闻传播》2022年第21期。

⑥ 参见［美］阿瑟·阿萨·伯格：《媒介与传播研究方法：质化与量化研究导论》（第4版），张磊译，中国传媒大学出版社2021年版，第3页。

战更加严峻复杂的情况，始终坚持问题导向，善于发现、分析和解决突出问题、棘手问题和新问题，善于把“治未病”和“治已病”结合起来，从而引导社会舆论的良性走向。具体包括说理思维①、故事思维②、逆向思维③等。

四是数字思维。要求紧扣新媒体时代的数字化特征来形成宣传理念和谋划宣传路径，紧跟并科学把握人工智能、5G/6G、云计算、区块链、场景化等最新数字科技带给法治新闻舆论工作的便利、机遇和挑战，从而最大限度为我所用、趋利避害。具体包括互联网思维④、流量思维⑤等。

五是融合思维。要求着眼优化传统媒体和新兴媒体之间的最优组合方式，大力推动媒体深度融合向纵深发展，积极统筹系统内部各级各类媒体之间的关系，致力于形成网上网

---

① 参见苏婧、戴润韬：《说理思维与故事思维：学术写作与新闻写作的相互借鉴》，载《新闻与写作》2024 年第 2 期。

② 参见李揽月：《建构故事逻辑，让新闻更有温度》，载《新闻战线》2022 年第 23 期。

③ 参见陈颖：《浅议逆向思维在新闻评论中的应用》，载《东南传播》2023 年第 11 期。

④ 参见赵兵：《以互联网思维提升主流媒体的移动互联网“在场能力”》，载《中国记者》2024 年第 2 期。

⑤ 参见陈昌凤：《流量思维如何重塑新闻价值观》，载《新闻与写作》2024 年第 3 期。

下一体、内宣外宣联动的协同高效格局。具体包括平台思维①、迭代思维②、受众思维③等。

六是品牌思维。要求深挖法治领域"富矿"，紧扣中央重大决策部署和法治中国建设重点工作打造宣传品牌，适时推出包括有代表性的融媒体报道和法治影视剧作品、AI 虚拟主持人在内的品牌形象、产品和服务，从而在增强人民群众精神力量的同时，持续提高法治工作的社会影响力和美誉度。具体包括产品思维④、服务思维⑤等。

七是全球思维。要求在适应和利用本土法治资源、有针对性地进行本土化运营的同时，以全球站位和视野，从中国特色、世界意义、理论特色等角度开展涉外法律法规传播、法治中国建设成效外宣以及对外法律服务宣传，讲好中国法治故事，向世界展示真实、立体、全面的法治中国，提升全

---

① 参见余秋亮、王彪、郑佳欣：《新型主流媒体建设的三种思维——以南方报业"两端一云"为例》，载《南方传媒研究》2023 年第 6 期。

② 参见童俊：《媒体融合中六种互联网思维的应用——以潮新闻为例》，载《中国记者》2024 年第 2 期。

③ 参见李真：《新媒体时代新闻宣传的受众思维和创新策略》，载《西部广播电视》2023 年第 18 期。

④ 参见肖霞、洪菲菲：《新闻编辑在融媒体时代的变与不变探析》，载《新闻研究导刊》2024 年第 1 期。

⑤ 参见陈晓东：《浅析媒体融合背景下短视频的服务思维》，载《中国报业》2021 年第 5 期。

面依法治国的国际影响力和话语权。具体包括本土思维[①]、开放思维、[②] 包容性思维[③]等。

三、舆情观念现代化是法治新闻舆论思想观念现代化的重要方面

当前，我国发展进入战略机遇和风险挑战并存、不确定难预料因素增多时期，舆论形态变动发生在全球化、转型期和媒介化三重语境中，[④] 各种“黑天鹅”“灰犀牛”事件随时有可能发生。特别是一些突发事件和重大事件引发社会舆论广泛关注，相关舆情交织叠加、急剧升温、复杂敏感，既反映出互联网和新媒体环境下舆情热点易发多发的形势，也对法治舆情信息工作进一步提质增效提出新的更高要求。要做好新时代法治舆情信息工作，必须坚定自觉地把坚持正确政治方向和政治立场放在首位并贯穿到工作全过程各环节，加快推动舆情观念现代化。不论是监测收集、分析研判还是加工处理、报送反馈，都要不断增强政治敏锐性和政治鉴别

① 参见赵琳：《深耕本土，以“新闻＋”推进共融共享》，载《新闻战线》2024年第3期。

② 参见刘小燕、赵薹源、李静：《中国共产党百年对外传播受众意识演变逻辑》，载《新闻春秋》2024年第1期。

③ 参见张家栋：《寻求对外沟通的最大公约数》，载《人民论坛》2021年第31期。

④ 参见胡栓：《马克思主义新闻观核心概念（舆论篇）》，复旦大学出版社2022年版，第142页。

力，确保舆情信息工作方向正确、立场鲜明。①

真实准确，是舆情信息工作的生命。当前法治舆情传播很快，很多热点舆情和敏感舆情往往短时间内就迅速扩散，形成大范围的热点，这就要求法治舆情信息工作者持续提升思维敏锐度和舆情收集报送质效。一是着力确保舆情信息收集的全面客观性。善于“原汁原味”地反映情况，力求内容真实、数字准确、情况清楚，杜绝假想、推测和虚构。坚持“两点论”，有喜报喜、有忧报忧、喜忧兼报，既反映法治信息中积极正面的东西，又反映消极负面的东西；既反映全面依法治国各领域取得的成效进展，又如实反映工作中存在的问题和不足。注重广泛收集各个群体、各个方面、各个层次、各个部门的信息，形成综合性法治舆情信息材料，避免管中窥豹、以偏概全。二是持续完善舆情监测预警体系。充分运用技术手段拓展监测渠道，强化实时监测，及时掌握网络和社会舆情动向，坚持全覆盖和突出重点相结合。以司法行政系统为例，对确认权利义务关系、明确利益归属的立法领域，国家强制力保障的刑罚执行领域，以及涉及人民群众切身利益的公共法律服务领域等给予重点关注。三是积极拓展舆情信息监测渠道。在以自发性、突发性、公开性、多元

① 参见中共中央宣传部干部局组织编写：《新时代宣传思想工作》，学习出版社2020年版，第285页。

性、冲突性、匿名性、无界性、难控性为特征的网络舆论场，网络传播及时广泛，舆情演变迅速多样。[①] 除充分利用5G、大数据、云计算、人工智能等先进技术，常态化关注网上舆情热点，及时发现倾向性、苗头性问题外，还可通过“智能＋人工”的方式加强监测力度，即通过人工手段对重点网站平台的视频类、图像类信息进行监测，消除监测盲区。

任何事物发展都有其规律性，网络舆情也不例外。一般来说，网络舆情从产生到平息会先后经历潜伏期、发酵期、爆发期和衰退期四个阶段，不同阶段的舆情信息工作各有侧重，对此必须在观念上有所体悟。一是潜伏期。网络舆情刚刚发生，事件轮廓较为模糊，具有分散性和无序性。要求法治舆情信息工作及时感知发现相关网络信息，认真分析梳理各种媒体观点，深入研判各种潜在风险及其可能走势，视情拟定相应的工作措施，提前进行干预。二是发酵期。在前期积蓄能量后，相关信息开始在不同平台传播，网民对事件的关注度和话题不断增加，已形成初步认知、态度和情绪。要求法治舆情信息工作密切关注网络舆情发展态势，及时梳理网络观点诉求，拟定工作方案和舆论引导口径，回应公众关

① 参见胡栓：《马克思主义新闻观核心概念（舆论篇）》，复旦大学出版社2022年版，第145～146页。

切，努力掌握网络舆论定义权、主导权，尽快平息事态。三是爆发期。网络舆情处于高热阶段，多元媒体参与其中竞相采访报道，各种倾向性话题层出不穷，引发网民集体围观热议、宣泄情绪。境内外敌对势力亦蠢蠢欲动，意图带动节奏将汹涌的网络舆论引向政治领域。要求法治舆情信息工作及时监测分析网络意见领袖的言论动向，分析梳理各种网络倾向观点，以召开新闻发布会、公布权威信息、第三方解读等方式加强引导、有效发声，同时配合打击网络谣言、正本清源。四是衰退期。随着时间推移和前期舆情引导，网络平台对原舆情事件的信息发布量逐渐减少，热度逐步回落，走势趋于平稳。要求法治舆情信息工作在一定时间内持续关注事件最终处理结果，并认真总结经验教训，为防范化解后续类似网络舆情风险提供参考借鉴。

做好法治舆情信息工作，要辩证看待以下三组关系：一是“堵”、“疏”和“引”的关系。《大禹治水》关于三者关系曾有经典论述，其指出治水方略“堵不如疏，疏不如引”。这启示我们，法治舆情工作的最佳方法是“引”，即主动引导舆论，次之是“疏”，即做好解释说明，消除公众误解。因此，法治舆情信息工作应做好供给侧结构性改革，将主动宣传引导和应急处置舆情结合起来，把握好“引”和“疏”的时度效。二是“网上”和“线下”的关系。网上舆情是线下工作的具体反映，线下工作决定网上舆情的动态走势。实践表明，线下工作者缺乏充分准备与考量，往往导致网上舆情汹涌、谣言不断，甚至出现“失信的人就算说真话也没人信”的“塔西佗”效应。因此，线上线下应统筹考虑、协同推进。三是“内”和“外”的关系。内和外，既可指“系统内”和“系统外”，也可指“有关单位”和“媒体平台”。这就要求法治舆情信息工作要通过建立机制、开通渠道、共享资源，在部门间、部门与媒体平台间形成合力，为全面依法治国营造良好法治舆论环境。

四、队伍建设现代化是法治新闻舆论思想观念现代化的人才载体

新闻舆论工作者要不断增强“四力”，做到“四向四做”。2018 年 8 月 21 日，习近平总书记在全国宣传思想工作会议上的讲话中指出：“宣传思想干部要不断掌握新知识、熟悉新领域、开拓新视野，增强本领能力，加强调查研究，不断增强脚力、眼力、脑力、笔力，努力打造一支政治过硬、本领高强、求实创新、能打胜仗的宣传思想工作队伍。”①“四向四做”即坚持正确政治方向，做政治坚定的新闻工作者；坚持正确舆论导向，做引领时代的新闻工作者；坚持正确新闻志向，做业务精湛的新闻工作者；坚持正确工

① 《习近平谈治国理政》（第 3 卷），外文出版社 2020 年版，第 315 页。

作取向，做作风优良的新闻工作者。① 这些重要论述，深刻回答了新形势下建设什么样的新闻舆论队伍、如何建设新闻舆论队伍的问题，为新时代加强新闻舆论工作队伍建设指明了前进方向。② 在“互联网 +”的数字化信息时代，思想文化相互激荡、价值观念多元多样的舆论环境，以及营造积极向上的法治主流舆论的现实要求，对法治新闻舆论人才队伍建设提出新的课题。推动实现法治新闻舆论人才队伍建设现代化，急需从提升能力素质、完善培养使用机制等方面着手，打造具有现代化法治新闻舆论思想观念和实践能力的复合型人才队伍。

法治新闻舆论工作政治性、专业性都很强，若没有清醒的头脑，没有“几把刷子”，履行职责使命就是空话。法治新闻舆论工作者头顶“法治”标签，既要遵守“四力”和“四向四做”要求，又要掌握做好法治领域新闻舆论工作的“独家”本领。首先，政治坚定是法治新闻舆论工作者最根本也是最基本的要求。理想信念坚定，才能在大是大非面前旗帜鲜明，在风浪考验面前无所畏惧，在各种诱惑面前立场坚定，在关键时刻靠得住、信得过、用得上。只有坚持以

---

① 参见新华通讯社课题组编：《习近平新闻舆论思想要论》，新华出版社 2017 年版，第 241 页。

② 参见新华通讯社课题组：《学习习近平关于新闻舆论的重要论述》，新华出版社 2022 年版，第 181 页。

习近平新时代中国特色社会主义思想为指导，深刻践行习近平法治思想、习近平文化思想，筑牢信仰之基、补足精神之钙、把稳思想之舵，才能切实做到理想信念坚定。同时，在新兴媒体快速发展、舆论环境空前复杂的今天，法治新闻舆论工作者要始终做到头脑清醒、方向正确，自觉增强政治敏锐性和政治鉴别力，把好采访关、组稿关、审核关、发稿关，守好法治领域意识形态阵地。其次，法治新闻舆论工作者要牢固树立法治意识、主动熟谙法律通识。在全社会大力弘扬法治精神，建设法治国家的语境里，法治新闻舆论工作者作为推动法治建设的重要力量，理应具备法治敏感性，积极审慎利用新闻报道及时准确传播法治信息，提高公众法治素养，避免相关新闻报道因出现“法制真空”而大大降低其“含金量”，或者因存在法律知识的“硬伤”，使法治新闻在“法”面前露怯。[①] 最后，法治新闻舆论工作者还要与时俱进提升新闻专业本领。新闻舆论工作是在人的头脑里搞建设，要干好，就得有专业精神。[②] 培养全媒型、专家型新闻工作者，是媒体融合发展的需要，是提高舆论引导力

① 参见郭克宏：《法治新闻之法治精神方略论》，光明日报出版社 2019 年版，第 81 页。

② 参见李文武主编：《做好新时代宣传思想工作》，人民日报出版社 2021 年版，第 220 页。

的需要，更是打造媒体核心竞争力的需要。[①] 除主动掌握执法司法规律外，还要活用新闻传播规律和互联网发展规律，熟练掌握各种媒体采、编、发技能，能使“十八般兵器”，继而树立全新的传播理念、新闻思维和报道视角，堪当智库“大脑”型人才。

2016 年 2 月 19 日，习近平总书记在党的新闻舆论工作座谈会上的讲话中指出：“媒体竞争关键是人才竞争，媒体优势核心是人才优势。”[②] 近年来，法治新闻舆论工作人才队伍规模不断扩大，大量优秀人才脱颖而出，为法治新闻舆论事业长期健康发展提供了有力保证。面对当前人才队伍能力素质、梯队结构、激励保障方面的突出问题，对于健全完善人才队伍培养、使用和关爱的工作机制的探索和实践从未停止，成效正在逐步显现中。一方面，精心谋划法治新闻舆论工作人才队伍培养和培训。教育培训是提高新闻舆论工作者政治素养和职业水平的重要手段。以司法行政系统为例，通过将法治新闻舆论工作人才教育培训与时代任务、事业发展、干部成长相联系，除定期举办各级各类新闻舆论线上线下培训班外，还积极开办新媒体工作站，致力为全系统培养

---

① 参见新华通讯社课题组：《学习习近平关于新闻舆论的重要论述》，新华出版社 2022 年版，第 185 页。

② 《习近平谈治国理政》（第 2 卷），外文出版社 2017 年版，第 333 页。

新时代新闻舆论工作骨干。自 2021 年起，司法部每年从全国各地选拔优秀人才到部机关再历练、以干代训，在新媒体业务领域干中学、学中干。截至 2024 年 6 月，新媒体工作站已开办 4 期，学员近 30 人，在制作发布原创作品、协助开展主题宣传活动、策划法治领域热门话题等方面成效显著。完成培训任务的学员回到地方后，继续发挥辐射带动作用普遍明显，真正实现了培训一人、带动一方、推动一片。另一方面，高度重视法治新闻舆论工作人才队伍使用和激励保障。新闻舆论工作是智力劳动、个性劳动，实践性强、个性化突出，新闻舆论人才有独特的成长规律，要大力完善激励措施，为新闻舆论人才提供成长空间，搭建事业平台。① 具体来说，需要进一步采取行之有效的措施，开辟更多通道，拓宽成长空间，完善激励考核，强化实绩导向，加大向主体业务、基层一线、急难险重任务岗位工作人员的倾斜力度，给予其更多包容和激励。同时，还要勇于探索创新，想方设法逐步拓宽人才轮岗交流渠道，努力搭建职务职称双轨制人才发展平台，为法治新闻舆论工作人才队伍可持续发展提供更多新思路和新路径。

① 参见新华通讯社课题组：《学习习近平关于新闻舆论的重要论述》，新华出版社 2022 年版，第 198 页。

第九章　法治新闻宣传报道机制方式现代化

新时代不断加速的法治建设进程，为法治新闻事业繁荣提供了肥沃丰厚的社会土壤。在报道重大事件、发布重要政策的同时，增进公众法治意识和法治素养，凝聚社会法治共识，是法治新闻传播工作职责所在。随着当前舆论环境、媒体格局、传播方式发生深刻变化，要赢得新闻舆论主动权，必须根据形势发展需要，增强工作针对性。[①] 为此，需要在新闻传播学之外，从法学、社会学、管理学等多学科视角观照法治新闻传播现象，[②] 立足时度效角度积极推进调研采访、新闻报道、新闻发布等环节的机制方式创新，从而加快实现

① 参见中共中央宣传部干部局组织编写：《新时代宣传思想工作》，学习出版社2020年版，第55页。

② 参见郭克宏：《法治新闻之法治精神方略论》，光明日报出版社2019年版，第240页。

法治新闻宣传报道机制方式的现代化。坚持用时度效标尺检验新闻舆论工作水平，体现了新闻舆论工作规律的本质要求，是新闻舆论工作的基本方法。[①] 实现法治新闻宣传报道机制方式现代化，需要我们进一步科学理解、准确把握时度效要求的内涵，将其作为辩证统一的有机整体，贯彻落实到具体实践中，力争获得最优传播质效。

一、把握法治传播时势、时机和时效

没有时效性就没有新闻。做好法治新闻宣传报道，把握传播时势、时机、时效至关重要。在信息传播高度发达的新媒体时代，新闻宣传报道要做到全时性、即时性，全天候、全过程、全方位，零时差、零距离，[②] 但“时”不是一快了事，而是包含了多方面的要求。

一是把握时势。要求法治新闻宣传选题策划审时度势、总揽全局，适应时代要求，符合时代特征，找准时代坐标，服务党和国家中心工作，坚持团结鼓劲和正面宣传为主，准确宣传阐释习近平法治思想，生动报道全面依法治国积极进展和经验成效。例如，围绕国家乡村振兴战略的实施，2023

① 参见中共中央宣传部干部局组织编写：《新时代宣传思想工作》，学习出版社 2020 年版，第 54 页。

② 参见新华通讯社课题组：《学习习近平关于新闻舆论的重要论述》，新华出版社 2022 年版，第 92 页。

年司法部先后组织22家中央主流媒体赴北京、甘肃、浙江、云南、黑龙江、湖南6省（市）调研采访，共计采访35天，走访乡村41个，各媒体通过一线调研采访，集中刊发系列“冒热气”“沾露珠”的报道，形成宣传声势，既反映出百姓心声，也体现了时代特征。

二是抓住时机。实践证明，同样的报道内容在不同时机推出，会产生不同的社会效果。这就要求法治新闻宣传必须选准时机，在最恰当的时点播发。唯有在合适的时间编辑发布合适的报道，特别是精心选择一些特殊时间节点作为重要“发稿窗口”，[①] 才能有效利用新闻资源，充分凸显报道价值，也才能有效回应公众对法治新闻事件的重大关切。例如，借第十次上海合作组织成员国司法部长会议召开之机，司法部对国家法治建设特别是涉外法治进展成效进行宣传报道，综合采取新闻发布会、媒体通气会、集体采访等多种宣传形式，邀请21家中央媒体、地方媒体、国外媒体对大会进行集中宣传报道，并组织多家媒体分别对五国司法部部长进行单独采访，赢得较大国际反响。

三是体现时效。法治新闻宣传报道要抢占“第一时间”，

① 参见新华通讯社课题组：《学习习近平关于新闻舆论的重要论述》，新华出版社2022年版，第94页。

夺取公众“第一注意力”,[①] 这要求法治新闻宣传在真实准确的前提下，第一时间介入并发布权威信息，特别是在新媒体海量传播的条件下，要避免因失去时效而陷入被动。此外，什么问题立即报道、什么问题看看后续进展再报道，以什么名义、什么方式报道，都要精心谋划、谋定后动。[②] 例如，近年来，司法部围绕全国统一的司法行政戒毒工作基本模式全面建成，覆盖城乡、便捷高效、均等普惠的现代公共法律服务体系基本形成，“无律师县”问题基本解决等重要进展策划宣传报道，取得良好传播质效。

二、推动法治传播兼具高度、力度和温度

新闻媒体是社会舆论的发射器，也是社会舆论的放大器。这就倒逼法治新闻宣传报道兼具高度、力度和温度。列宁曾经说过：“每个宣传员和鼓动员的艺术就在于，用最有效的方式影响自己的听众，尽可能使某个真理对他们有更大的说服力，更容易领会，留下更鲜明更深刻的印象。”[③]

① 参见屠少萌：《媒体融合下法治舆论传播的时度效》，载《人民法院报》2023 年 6 月 9 日，第 6 版。

② 参见中共中央宣传部干部局组织编写：《新时代宣传思想工作》，学习出版社 2020 年版，第 55 页。

③ 中共中央马克思恩格斯列宁斯大林著作编译局编译：《列宁全集》（第 17 卷），人民出版社 1959 年版，第 321 页。

一是有高度。判断舆论传播的“度”是否合理，首要标准是导向是否正确。在实践中，把握好“度”，就是要准确把握宣传报道基调，把握好正面宣传和负面报道的平衡。[①]这就要求法治新闻宣传报道坚持团结稳定鼓劲、正面宣传为主，对法治领域主题宣传、成就宣传和典型宣传应形成规模和声势，反之对涉及热点问题、敏感问题则应把握发稿节奏，稳妥适度报道，不宜渲染炒作。要以新闻专业主义审慎评估媒体技术，[②] 同时反对法治新闻“娱乐化”倾向。[③]

二是有力度。要求法治新闻宣传报道因时因事制宜，精准研判发力，恰如其分掌握舆论引导的尺度和密度。该造势的要造势，但不能在个别用词上大造其势；该突出的要突出，但不能渲染过头，搞成排浪式宣传；该有力度的要有力度，但不能大轰大嗡，既不把大事说小，也不把小事说大。[④]举办新闻发布活动，是彰显法治新闻宣传报道力度的重要方式。党的十八大以来，我国新闻发布制度建设进入全面提升

① 参见新华通讯社课题组：《学习习近平关于新闻舆论的重要论述》，新华出版社 2022 年版，第 95 ~ 96 页。

② 参见李建军：《内容为王 媒介为辅——新闻传播特点与发展趋势探讨》，载《新闻文化建设》2024 年第 4 期。

③ 参见郭克宏：《法治新闻之法治精神方略论》，光明日报出版社 2019 年版，第 204 页。

④ 参见新华通讯社课题组：《学习习近平关于新闻舆论的重要论述》，新华出版社 2022 年版，第 97 页。

阶段，体现了新的“政治传播”理念，信息公开力度持续加大、主动发布意识不断增强，在政策解读、回应关切、引导舆论方面表现得较为突出。[①] 司法部先后举办新闻发布会、记者见面会、媒体吹风会、新闻通气会等各类新闻发布活动150余场，全面依法治国和司法行政工作的社会影响不断扩大。进入全媒体时代，新闻发布逐渐转向发布者与公众的“对话语态”，要求发布主体与公众进行互动，通过答疑解惑等方式，既提供基础的“事实性信息”，又提供深入的“解释性信息”。[②]

三是有温度。打造有温度的新闻报道，是提升新闻舆论传播力的有效途径。[③] 这就要求法治新闻宣传报道聚焦提高人民群众法治获得感、幸福感、安全感的业务领域和典型事件，找准思想认同共同点、情感交流共鸣点、利益关系交汇点、化解矛盾切入点，用心用情传播法治好声音，真正让新闻报道有温度更有深度。例如，司法部围绕“公证减证便民提速”举行新闻发布会，以公证减证便民提速成效亮点为切

① 参见邢祥：《中国新闻发布制度建设的理念嬗变与实践探索研究》，复旦大学出版社2022年版，第50页。

② 参见王淑萍、陈虹宇、陆宝韵：《新媒体语境下政府新闻发布的微传播策略探析》，载《新闻潮》2024年第1期。

③ 参见李云淑：《用心用情，让新闻报道温度深度“双提升”》，载《新闻世界》2023年第10期。

口，对外发布相关工作取得的新进展，成为积极回应公众关切的生动实践之一。

三、实现法治传播效果、效率和效用

“时度效”是一个辩证统一的整体，但这三个方面并不是同等重要的并列关系，其中“效”是首要的决定性因素。这就要求法治新闻宣传报道高度重视效果、效率和效用的提升，乃至将其作为整个传播活动的最终目的和归宿。

一是增进传播效果。要求法治新闻宣传创新报道角度和手段，围绕全面依法治国重点工作和群众普遍关心关切的问题，采取受众易于接受的方式方法，用事实、数据、典型和身边人说话，使法治新闻报道见人见事，更具吸引力、感召力和说服力，让群众爱听爱看，产生共鸣。善于在议题管理、发布主题、内容传播上寻求政府、媒介、公众三者需求的“最大公约数”。[①] 要着力避免出现“低级红”“高级黑”，防止正面报道出现负面效果。近年来，司法部围绕全国司法行政系统一级英雄模范刘彦、李培斌、陈旭、吴秋瑾等典型榜样的先进事迹，开展了数轮人物专访和事迹报告，编写专题图书（见图9－1）展示基层人物的人生故事和奋斗历程，

---

① 参见刘艺、汤旭：《融媒体时代新闻发布工作理念与方式变化研究》，载《中国广播影视》2022年第20期。

让受众全方位、多角度、立体化感受人物的精神世界，激发舆论场和受众心中的正能量。

图9－1　司法行政系统典型榜样专题宣传图书《新时代司法为民好榜样》《新时代最美法律服务人》《在鲜红的党旗下——司法行政百年英模谱》

二是提升传播效率。要求法治新闻宣传选题策划主动借助数字化平台技术，提高新闻采访和新闻写作质效，提高部门之间合作宣传水平，在有限的时间内推出更多精准及时的优质法治新闻产品。以最高人民法院、司法部联合召开的全国调解工作会议的宣传报道为例，其间多部门密切沟通，多次举行宣传协商会、媒体通气会，构建起业务部门积极主动、宣传部门协调联动、新闻媒体紧密配合的工作格局，形成报道合力，使这次时间跨度长、宣传内容多、传播渠道广的会议宣传报道达到预期效果，社会反响强烈。

三是扩大传播效用。一个会议召开了，一个报告发布了，这都不是新闻；会议和报告中最值得关注的内容，才是新闻。[①] 这就要求法治新闻宣传持续深挖传播的功效和作用，更好发挥党的主张的扩音器、社情民意的显示器、杂音噪声的过滤器、险滩暗礁的预警器、社会舆论的稳定器功能，增强法治新闻舆论工作的原则性、系统性、预见性和创造性。例如，2024 年 2 月，司法部、国家发展和改革委员会、全国人大常委会法制工作委员会共同组织召开民营经济促进法立法座谈会，听取民营企业代表和专家学者对立法的意见建议，社会反响强烈，舆论态势积极正向。

① 参见刘福利、王中伟：《新闻采访十讲》，上海三联书店 2021 年版，第 79 页。

第十章 涉外法治宣传报道和国际传播现代化

站在世界的聚光灯下，中国新闻已不再是单纯的国内新闻，而日益成为国际新闻的重要组成部分，具有越来越广泛的世界影响。[①] 在中国式现代化进程中，全面依法治国的国际传播既是涉外法治宣传工作的重要一环，也是展示中国现代化成就和国际软实力的重要途径。放眼国际，需要我们正视社会变化、时代发展、技术革新等原因造成的涉外法治宣传“新常态”，不断拓宽传播内容、传播形式、传播情感等领域与海内外受众可融通的接触面、辐射力与影响值，[②] 从而牢牢把握增强国际话语权的历史机遇，讲好中国法治故

① 参见新华通讯社课题组：《学习习近平关于新闻舆论的重要论述》，新华出版社 2022 年版，第 156 页。

② 参见李文武主编：《做好新时代宣传思想工作》，人民日报出版社 2021 年版，第 33 页。

事，有效传递中国法治声音，展现中国的法治智慧和法治力量。[1] 从任务的角度看，涉外法治宣传的内容主要包括以下三个方面：一是“法律”宣传，即对法律条文的宣传普及，解决中国法的域外适用等问题；二是“法治”宣传，即宣传中央关于全面依法治国方面的决策部署和中国法治建设成就；三是“法服”宣传，即为包括海外华人、在华外国人等群体提供公共法律服务。

一、打造现代化的涉外法治传播内容

讲故事是国际传播的最佳方式。通过讲述一个故事，构造一条因果链，或者呈现一个事件的进展过程。[2] 面对新形势新任务新使命，我们不仅要“会做”，还要“会说”；不仅要“做好”，而且要“说好”；不仅要“敢说”，还要“巧说”。[3] 既讲中国法治建设取得的巨大成就，又讲我们需要解决的困难和问题，引导国际社会全面客观看待我国法治建设发展阶段，理性对待我国法治建设成就。这里涉及涉外法

---

① 参见陈志君：《法治国际传播进程中讲好中国法治故事的新思维》，载《中国广播电视学刊》2024 年第 1 期。

② 参见［美］大卫·波德维尔、克里斯汀·汤普森：《世界电影史》（第 2 版），范倍译，北京大学出版社 2014 年版，第 16 页。

③ 参见新华通讯社课题组：《学习习近平关于新闻舆论的重要论述》，新华出版社 2022 年版，第 156 页。

治宣传现代化的第一个层面，即传播内容的现代化。

一是持续加强党的创新理论对外宣介。把习近平法治思想的对外传播作为首要任务，以《习近平法治思想学习纲要》《习近平法治思想学习问答》等为抓手，深入宣传阐释习近平法治思想的重大意义、丰富内涵、精神实质和实践要求。与此同时，注重以事见人、以物见人地生动讲述习近平总书记心系人民、推进改革、惩治腐败、对外交往的各方面故事。

二是做好重大法治主题对外宣传。结合中央重大决策部署和重要时间节点，精心策划法治外宣议题，通过组织策划撰写重点文章、组织外宣媒体集中采访、组织办好专题专栏等方式，有序开展法治领域重要会议重要活动的对外宣传。例如，2023 年 10 月，司法部启动“‘一带一路’法治同行”主题宣传活动并举办首场新闻发布会，邀请 20 家中央和地方媒体围绕“发挥‘一带一路’律师联盟国际性专业组织作用 服务共建‘一带一路’高质量发展”进行宣传报道，随后选取优化法治营商环境、法治政府建设成就、中华文明域外影响力等宣传点，陆续组织开展实地采访等系列宣传报道活动，集中展现法治在为“一带一路”机制建设保驾护航过程中取得的成绩和亮点。

三是紧扣涉外法治重点工作进行宣传报道。围绕中国法的域外适用、涉外经贸法律和规则体系、法治营商环境、

“一带一路”机制建设、国际法治合作等重点任务策划国际传播方案，让海外各国的法律界充分认识中国通过法治手段扩大经济开放、完善法治营商环境的努力，让海外投资者和贸易伙伴及时充分了解、理解中国法律的民主性、科学性、可行性，认可中国司法体制的公平、公正、透明。[①] 积极宣传引导企业、公民在“走出去”过程中更加自觉地遵守当地法律法规和风俗习惯，运用法治和规则维护自身合法权益。同时，综合利用立法、执法、司法等手段占领法治和道义制高点，坚决维护国家主权、安全、发展利益。[②]

二、构建现代化的涉外法治传播平台

作为世界第二大经济体和有着五千多年悠久历史的文明古国，我国目前在经济、文化等领域的跨国交流机会不断增多，同时在对外宣传中展现出组织传播、人际传播、跨文化传播的有力趋势，影响力日益显著。[③] 这里涉及涉外法治宣传现代化的第二个层面，即平台载体的现代化。

---

① 参见聂书江、宁田甜：《新时代国际法治传播的基本原则与实践路径》，载《新闻战线》2023 年第 19 期。

② 参见秦朝森、梁黎聪：《“讲好中国法治故事”：党的二十大精神指引下的国际传播路径探索》，载《视听理论与实践》2023 年第 5 期。

③ 参见李文武主编：《做好新时代宣传思想工作》，人民日报出版社 2021 年版，第 121 ~ 122 页。

一是充分利用国际法律交流平台、重要国际会议论坛等重大活动契机平台，实现“借船出海”“借台唱戏”。目前国际法治领域比较重要的平台舞台，包括世界知识产权组织、联合国国际贸易法委员会、海牙国际私法会议、国际统一私法协会、“一带一路”律师联盟、世界律师大会、上海合作组织成员国司法部长会议等。尤其要抓住国际法治规则制定和完善的各种机遇，主动说、大声说、反复说，努力提升中国在国际法治领域的话语权，更加有效地维护自身利益和推动全球治理体系的改革。

二是借助各种新闻发布活动深化拓展中外媒体合作。围绕全面依法治国进展成效等适时召开新闻发布会、媒体吹风会等，邀请对我友好的外媒记者参加。努力与境外媒体建立良性合作关系，充分凝聚国际知名媒体高层的名笔、名嘴、名记者、名主编、名编导、名制作人、名评论员中的知华友华力量。[①] 在采访报道、新闻发布等环节实现借力传播，通过他们把真实、立体、全面的法治中国传播到世界各地。

三是加强涉外法治宣传主流媒体阵地建设。主流媒体是国际新闻信息最主要的生产者，是国际新闻信息交换最重要

① 参见中共中央宣传部干部局组织编写：《新时代宣传思想工作》，学习出版社2020年版，第246页。

的中间人，是国际舆论形成、传导、博弈的主阵地。① 这就需要主流法治媒体进一步强化机遇意识、忧患意识和竞争意识，加大渠道手段等创新力度，丰富新闻业态和产品形态，进一步加快"走出去"的步伐。司法部英文网站自 2019 年 7 月正式上线以来，精心开展选题策划、严控稿件导向和质量，海外传播率到达率逐年提升，越来越成为习近平法治思想对外传播和全面依法治国进展成效宣传的重要窗口。司法部英文网站稿件注重用典型案例和数据说话，将有代表性的综述稿件、特色稿件收集汇总并制作成专题图表，力求图文并茂地展现全面依法治国工作进展成效。近年来，司法部英文网站策划推出"新时代全面依法治国主要成就""上合组织成员国司法部长会议""服务实体经济 律企携手同行""最新版公证事项证明材料清单""调解工作新成绩"等系列专题图表（见图 10－1），上传 50 余个权威来源的法律法规英文译本，取得了良好的传播质效。

① 参见新华通讯社课题组：《学习习近平关于新闻舆论的重要论述》，新华出版社 2022 年版，第 163 页。

In numbers: China's continuous progress in foreign-related legal services

2023 judicial administration in numbers

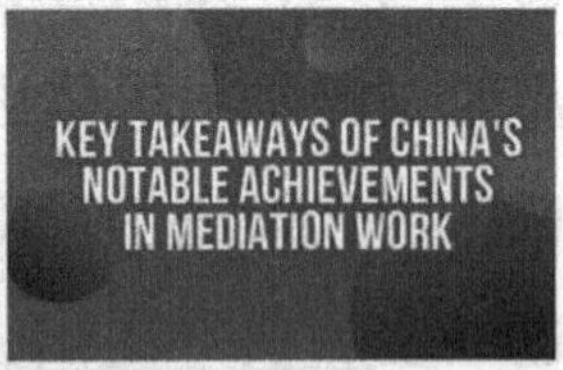

Key takeways of China's notable achievements in mediation work

China's efforts to boost real economy through legal services

Highlights of work exchange and consultation meeting between SPC and MOJ

The 10th Meeting of Ministers of Justice of SCO Member States

图 10－1　司法部英文网站“专题图表”栏目登载的部分专题头图

三、采用现代化的涉外法治传播方式

新的时代需要新的话语。一个国家在世界上的声音能否传得开、形象能否树得起、影响能否打得出，一个重要因素就在于话语能否被听得到、听得清、听得进，就在于叙事是否有感召力、说服力、影响力。[①] 这就涉及涉外法治宣传现代化的第三个层面，即方式机制的现代化。

一是积极构建中国法治话语体系。对外话语体系承载着

① 参见新华通讯社课题组：《学习习近平关于新闻舆论的重要论述》，新华出版社 2022 年版，第 172～173 页。

国家形象和国家利益。[①] 2020年11月，党中央明确提出习近平法治思想，其中一个重要内容是要坚持统筹推进国内法治和涉外法治。据此，我国的国际角色已经从国际法秩序的冷静观察者转变为全球治理的积极参与者与引领者，中国特色社会主义法治建设相应增加了涉外法治体系建设的新任务。[②] 这就要求我们加快构建融通中外的法治话语体系，坚持国家站位，坚持用中国法治理论阐释中国法治实践、观察国际法治问题，努力在国际舆论场形成法治领域的中国表达、中国修辞、中国语意，有效回应国际社会的期待，在互动交流中实现传播效果最大化。特别是在阐释具体法律概念和问题背景之际，既要使用准确规范的法律术语，又要注重话语的通俗性与感染力，[③] 要尽可能超越历史传统、文化语言、意识形态、社会制度等障碍，让外国人听得懂、愿意听。[④]

二是努力形成涉外法治宣传话语合力。加快互联网法治外宣矩阵建设，充分利用政法机关、新闻媒体、法律服务行

---

① 参见中共中央宣传部干部局组织编写：《新时代宣传思想工作》，学习出版社2020年版，第230页。

② 参见张龑：《涉外法治的概念与体系》，载《中国法学》2022年第2期。

③ 参见李晓述：《加强高校国际交流合作　助推涉外专门人才培养》，载《教育国际交流》2023年第3期。

④ 参见孙润妤、栗洁歆、张法连：《中国法治故事的翻译策略研究》，载《翻译与传播》2023年第1期。

业、法学机构等各种资源，促进形成合力，更好地对外主动发声，有效发声。加强涉外法治理论和实践前沿课题研究，构建具有中国特色、融通中外的涉外法治理论体系和话语体系，[①] 促进中华优秀传统法律文化创造性转化、创新性发展，赋予中华法治文明新的时代内涵，激发起蓬勃生机。[②]

三是探索形成常态化、规范化的涉外法治宣传人才培养机制。做好新时代外宣工作，关键在人、在队伍。[③] 为此，必须加快完善涉外法治宣传人才培养机制，使其提升政治能力和业务素质，开阔国际视野、提升业务能力，不断适应新时代对外法治传播新形势新要求，培养造就一支熟悉国情世情，熟练掌握运用涉外法治宣传工作规律、新闻传播规律和互联网发展规律，会讲擅讲中国法治故事的复合型涉外法治宣传人才队伍。

---

① 参见刘俐：《深刻把握六个“必须坚持” 努力擘画广播电视法治新蓝图》，载《中国广播电视学刊》2022年第12期。

② 参见张法连：《向世界更好展示法治中国形象》，载《人民日报》2021年11月26日，第9版。

③ 参见中共中央宣传部干部局组织编写：《新时代宣传思想工作》，学习出版社2020年版，第249页。

主要参考书目

1. 习近平：《论党的宣传思想工作》，中央文献出版社 2020 年版。

2. 中共中央宣传部编著：《中国共产党宣传工作简史》（上下卷），人民出版社 2022 年版。

3. 中共中央宣传部干部局组织编写：《新时代宣传思想工作》，学习出版社 2020 年版。

4. 中央全面依法治国委员会办公室：《中国共产党百年法治大事记（1921 年 7 月—2021 年 7 月）》，人民出版社、法律出版社 2022 年版。

5. 新华通讯社课题组：《学习习近平关于新闻舆论的重要论述》，新华出版社 2022 年版。

6. 李文武主编：《做好新时代宣传思想工作》，人民日报出版社 2021 年版。

7. 秦强：《新时代宣传工作十讲》，五洲传播出版社

2023 年版。

8. 冯玉军：《在法治轨道上建设中国式现代化》，人民出版社 2023 年版。

9. 蒋若薇、齐蕴博主编：《司法行政学》，法律出版社 2023 年版。

10. 唐荣堂：《马克思主义新闻观核心概念（宣传篇）》，复旦大学出版社 2024 年版。

11. 胡栓：《马克思主义新闻观核心概念（舆论篇）》，复旦大学出版社 2022 年版。

12. 郑保卫主编：《中国共产党领导人新闻实践与新闻思想研究》，中国人民大学出版社 2011 年版。

13. 郭克宏：《法治新闻之法治精神方略论》，光明日报出版社 2019 年版。

后　记

为了更好地发挥理论研究对法治新闻舆论工作实践的指导和推动作用，司法部法治宣传中心以承担并实施国家法治与法学理论研究课题项目“全面依法治国新闻宣传和舆论引导工作研究”（课题编号：19SFB4002）为契机和依托，吸纳本单位专业研究人员和一线从业者组建课题组，5年磨剑，最终形成细牒一卷。

本书是一项集体研究成果，由李子顺同志担任主编并负责最终审定，谢向红同志负责统稿。王舸同志负责课题实施、文稿汇总等工作。具体写作分工如下：

绪　论：李子顺

第一章：谢向红（第一、二部分）；王舸（第三、四部分）

第二章：郑心仪

第三章：郝苑蓉

第四章：王舸

第五章：郝苑蓉

第六章：王晓鑫（第一部分）；王舸（第二部分）

第七章：胡鹏举（第一部分）；于依琳（第二、三部分）

第八章：王舸（第一部分）；姜楠（第二部分）；姜楠、张振搏（第三部分）；郑心仪（第四部分）

第九章：苗晓雨

第十章：郝苑蓉

希望本书的问世，能够为法治新闻舆论工作理论研究和实务尽绵薄之力。

2024 年 6 月